소리 없는 통곡

박영숙 수필집

도서출판 이바구

수필가의 말

옥상에 올라 바라본 하늘이 청명한 쪽빛이다. 초가을 시원한 바람에 몸과 마음이 상쾌하다. 기말시험 끝내고 방학을 맞아 해방된 기분이다.

에멜무지로 내어 본 졸고 10편이 문화재단 창작 지원금 대상에 덜컥 이름이 올랐다. 그동안 끄적거려 놓았던 것들을 긁어모아 겨우 맞춘 것이 달랑 10편이다. 용감한 것인지 무식한 것인지 심각성을 깨닫지 못했다. 봄꽃 구경 다니고 여기저기 돌아다녔다. 이런 나를 보고 먼저 수필집 낸 선배가 뼈 때리는 한마디를 했다. 한가하게 이러고 다닐 때가 아니라고.

속으로 걱정이 안 되는 것은 아니었다. 12월 말까지 어떻게든 하면 될 줄 알았다. 큰 착각이었다. 차일피일 미루다가 정신을 차리고 보니 6월이었다. 마음이 급했다. 출판사에서는 8월 말까지 원고를 넘기라고 하니. 번갯불에 콩을 볶아야 할 판이다. 평소에 잘 앉지도 않던 책상 앞에 여름 내내 맹렬한 무더위와 씨름하며 머리를 싸매고 끙끙거려야 했다.

　실은, 책 내는 것이 2·3년 후의 계획이었다. 시골 생활할 때처럼 헐렁한 고무줄 바지 차림으로 저물녘 동네 고샅길 발밤발밤 거닐듯 느긋하게 살고 싶었다. 황소걸음 걷는 내게 천리마가 되라고 하는 것은 어불성설에 가까웠다.

　어쨌거나 책이 나오기는 할 모양이다. 인쇄물 홍수 시대에 귀한 종이를 허비하는 것은 아닌지. 날것의 비린내가 가시지 않은 미숙한 글을 내 놓는 것 같아 심히 송구스럽다. 다음에 책 엮을 기회가 있다면 좀 더 여유를 가지고 숙성된 글을 쓰고 싶다.

　한 권의 책이 만들어지기까지 매섭게 이끌어 주신 스승 덕분입니다. 걱정과 염려로 응원해 준 문우들께도 고마움을 전합니다. 곁에서 힘이 되어 주는 아들, 딸, 사위에게도 감사의 말을 전한다.

2023. 10. 01. 박영숙(棟土)

목차

수필가의 말

제1부

돌부처	10
미로	14
우분투	18
차용증	22
초분(草墳)	26
현으로 세상 엿보기	29
빈방	33
풀치	37
뚱딴지	41

제2부

개명 46

그 남자 50

담금질 54

소리 없는 통곡 58

일탈로(路) 62

예쁜이 여사 66

잔희 공주와 두 총각 70

삶의 조건을 읽다 74

표현의 자유 79

목차

제3부

귀촌	84
그 녀석은 예뻤다	88
비싼 놈	92
중독	96
촘촘히 깁은 그물망	100
킬리만자로에서	104
백 세 시대 축복인가 재앙인가	108
한계암 가는 길	112

제4부

감자꽃	118
제자리에	122
광목천에 피어나는 야생화	126
천상의 화원	129
벚꽃 그늘 아래	133
목련나무	137
찔레꽃	141
네 탓이야	144

제1부

제1부

돌부처

 작고 단출한 법당이다. 야트막한 뒷산을 베고 앉은 대웅전 앞쪽으로 경부선 철길이 가로 놓여 있다. 그 너머로 옛 황산강 줄기 갈맷빛 강물이 묵묵히 흐른다.
 황산강 베랑길 따라 굴다리를 지나서 바로 절 입구에 닿았다. 유월의 나른한 햇살이 넓은 절 마당 위로 부서져 내린다. 사방을 둘러보니 산 쪽으로 계단 위에 작은 법당이 보인다. 오른쪽 조금 떨어진 곳에 산신각이 있고, 법당 왼쪽으로 종무소와 요사채가 같이 있는 작은 절집이다. 법당 안에는 석조여래좌상 돌부처 한 분이 모셔져 있다. 김정한 소설 '수라도'(修羅道)에 나오는 미륵불이다. 지금은 이 절을 찾는 사람들 대부분이 기도나 불공을 드리는 일보다는 소설 속에 나오는 돌부처를 보기 위함이다. 며칠 전 석가 탄신일이 지난 절 마당 어디에도 연등 하나 보이지 않는다. 흙에 묻힌 돌부처를 '수라도' 소설 속에 나오는 '가야 부인'이 발견하였다. '가야 부인'의 눈에 띈 것은 소설을 모태로 하여, 일제 강점기와 해방 직후 소용돌이 속에 한 집안의 흥망성쇠를 가야 부인의 삶으로 녹여 낸 것이 아닌가 싶다.

인간이 어딘가에 마음을 의지하고 싶을 때 절대자의 힘을 빌리고자 한다. 가족의 안녕과 이루고자 하는 염원을 부처님께 간절히 빈다. 나도 두 손을 모으고 부처님 앞에 몸을 낮추어 엎드렸다. 삼배를 마치고 조금 멀찍이 자리에 앉았다. 돌부처는 얼굴과 가슴, 팔이 전체적으로 둥그스름하다. 푸근하게 다가오는 부처상에 마음이 편안해진다. 억겁의 세월 동안 돌부처는 묵언 수행 중이다. 중생 구제 극락정토의 날이 오기를 기다리시는 것일까. 나약한 것이 인간인지라 급하면 부처님도 찾고 하나님도 찾는다. 갈급한 마음에 천지신명과 바위나 당산나무에도 두 손 모아 비손한다.

그럴 때가 있었다. 부산역 앞에서 저녁에 출발하는 버스를 타고 한밤중에 팔공산에 갔다. 기도 도량으로 영험하다는 소문이 전국에 퍼져서인지 팔공산 아래 넓은 주차장이 빽빽하도록 수십 대의 대형 버스가 벌써 도착해 있었다. 자녀의 수능 시험, 사업 번창, 취직, 결혼, 건강 등 한 가지 소원은 들어준다고 했다. 산 입구에서부터 갓 바위 약사여래불이 있는

제1부

산꼭대기까지 좁은 길 따라 전깃불 알전구가 발길을 밝혀 주었다. 팔공산 숲 스피커에서는 관세음보살 염불 소리가 어둠을 뚫고 흥건히 울려 퍼졌다. 정상까지의 길은 젊은 사람도 중간에 몇 번씩 다리쉼을 해야 오를 수 있는 곳이다. 새우등처럼 등이 꼬부라진 할머니는 무슨 갈급한 원이 있어 이 가파른 길을 오르시는지. 산 정상에 도착하니 수많은 사람이 선바위 약사여래불 아래 엎드려 기원을 드리고 있었다. 나도 무릎 꿇고 간절히 빌었다. 부처님이 보시기에 얼마나 어리석고 불쌍한 중생으로 보였을까. 답답할 때만 찾아와서 엎드려 빈다고 뭐가 될까마는 그렇게라도 매달려 봐야 할 것 같았다.

남편이 장기간 입원으로 시난고난할 때다. 입원과 퇴원을 거듭할수록 마음이 조급했다. 병원에 들렀다가 집으로 가는 길이었다. 막막하여 올려다본 밤하늘에는 별빛이 총총했다. 하나님이든 별님이든 소맷부리라도 부여잡고 간곡히 빌어야 했다. 몸만 낫게 해 주신다면 하나님을 위하는 일 뭐든 다 하겠다고 허언도 했다. 얼마나 가소로울까. 나도 안다. 어림 반 푼어치도 없다는 것을. 지푸라기라도 잡고 싶은 심정이었다.

지금 돌부처 앞에 엎드려 절하는 것은 종교를 떠나서 평정심을 갖기 위함이다. 이제는 무턱대고 무얼 달라고 기도하지 않는다. 돌부처를 가만히 바라본다. 다 내려놓은 듯 편안한 모습이다. 그 옛날 시골 아낙들이 보리쌀 한 됫박 머리에 이고 와서 돌부처 앞에 공손히 올렸을 것이다. 논마지기나 있는 부잣집 마님이 가끔 불공드리려 머슴 지게에 쌀섬이나 얹어 왔을까. 용화사 법당을 나오니 오후의 햇살이 설핏하다.

미로

 자욱한 안개가 앞을 가로막는다. 승합차는 산 등고선을 따라 오르막길을 두 시간째 오르는 중이다. 지리적으로 산길이라 해도 밀양에서 삼랑진 만어사(萬魚寺)까지 한 시간 정도면 갈 수 있는 거리다.
 밀양(密陽)이란 곳이 한자에서도 알 수 있듯이 밝은 태양이 촘촘히 내리쬐는 살기 좋은 소도시이다. 맑은 강에는 수박향이 난다는 은어가 살고. 시원한 계곡과 울창한 소나무 숲이 멋진 표충사가 있다. 바위틈 사이로 살얼음이 어는 얼음골은 여름 피서지로 이름이 난 곳이다. 여름날 태양이 이글거리는 불볕더위도 여기서는 몸이 오싹해질 정도로 한기를 느낀다. 낙동강 줄기 둔치 여러 곳에는 오토캠프장과 야생화 정원을 조성해 놓았다. 봄부터 가을까지 벚꽃, 유채꽃, 이팝꽃, 장미꽃, 연꽃 단지, 해바라기, 백일홍, 코스모스 연가 길 등 자연의 볼거리가 넘쳐 나는 곳이다. 이런 것들이 좋아 그 당시 나는 밀양에 귀촌하여 살고 있을 때였다.

일주일에 한 번씩 기차로 ㅇㅇ시에 문학 공부하러 다녔다. 밀양이 이렇게 좋은 곳이라고 한바탕 자랑을 늘어놓았다. 귀가 솔깃해진 문우들을 밀양으로 오게 한 빌미를 제공한 셈이다. 집에서 국수를 삶아 먹고 유서 깊은 만어사로 향했다. 가랑비가 부슬부슬 내리는 드라이브 길은 운치를 더했다. 열 한 명의 문우가 함께한 탐방 길이다. 들뜬 기분이 풍선처럼 부풀어 올랐다. 들길을 지나 푸른 산길로 접어들었다. 우거진 숲 나무 사이로 잠포록한 안개는 문우들의 가슴을 함뿍 젖어 들게 하였다. 이때까지만 해도 차 안은 모처럼의 여행으로 낭만이 출렁거렸다.

산길은 더 깊은 안개 속으로 빠져들었다. 한쪽은 깊이를 알수 없는 천 길 낭떠러지였고, 앞쪽은 지척을 분간할 수 없는 안개비가 뿌옇게 시야를 가렸다. 구불구불한 오르막길을 승합차는 위태위태하게 올랐다. 간이 콩알만 하게 쪼그라들었다. 한껏 부풀었던 풍선 바람 빠지듯 차 안 분위기는 조용히 가라앉았다. 그제야 알아차렸다. 잘못 들어선 임도(林道)였음을. 길이 좁아 차를 돌릴 수도 없고, 끝이 어디쯤인지 가늠조차하기 어려웠다. 내비게이션 아가씨는 일찌감치 퇴근했는지 말이 없다.

 인생길에도 내비게이션 같은 것이 있으면 좋으련만. 가야 할 길을 잃고 방황할 때도 있다. 지름길이라 믿고 샛길로 들어섰다가 막다른 골목길과 맞닥뜨리기도 한다. 때로는 에움길이 마음에 여유를 준다. 인생길 굽이굽이 시행착오를 거듭하면서 나의 길을 찾는다. 밤새 쌓인 눈을 걷어 내고 길을 내듯이 길은 스스로 만들어야 한다. 인생길 행간에 운 좋게 잠시 꽃길을 걷기도 한다. 새해가 되면 덕담으로 '꽃길만 걸으세요.' 하고 문자로 연하장을 주고받는다. 달콤한 꽃향기는 얕고 가벼워서 금방 날아가 버린다. 질 좋은 블랙커피의 쓴맛 뒤 혀끝에 감도는 꼬수운 감미가 여운이 오래 남듯. 사탕발림의 단맛 같은 가벼운 사람보다 마음에 융숭 깊은 울림이 있는 진중한 사람에게 믿음이 가듯이.

 긴장으로 쫄깃해진 심장을 부여잡고 상념에 빠져 있는 사이 차는 만어사에 다다랐다. 옥죄었던 가슴을 펴고 우리는 안도의 한숨을 크게 내쉬었다. 절 마당에서 내려다보이는 너덜겅은 자욱한 안개에 묻혀 신비감을 더했다. 수만 마리 물고기가 살아 움직이는 것 같은 착시 현상이 든다. 해무 속에 헤엄치듯 머리를 치켜든 검은 돌들이 물고기 형상이다. 미륵전 안에는 물고기들을 이끌고 왔다는 5미터 높이의 미륵바위가 있다. 미륵전 근처 큰 바윗돌에는 돌멩이로 통통 두드린 흔적들이 있다. 경석이라 하여 두드리면 종소리가 난다. 너덜겅을 배경으로 우리는 우산을 높이 받쳐 들고 멋진 인증 사진을 남겼다.

제1부

우분투

    오래전 부산의 끝자락인 다대포에 살았다. 푸른 바다 수평선이 하늘과 맞닿아 하늘인지 바다인지 모를 해무 낀 바다는 아득해 보였다. 창문을 열면 언덕 아래 수풀 사이로 개울물 흐르는 소리가 졸졸졸 들렸고. 냉이꽃, 보랏빛 제비꽃, 하얀 찔레꽃이 연이어 피었다. 여름밤이면 개골개골 개구리들의 합창 소리에 시골스러운 정서가 묻어나는 곳이다. 이곳이 좋아 한자리에서 강산이 두 번 바뀌도록 살았다.

    휴일에는 애들을 데리고 다대포 바닷가에 갔다. 아이들은 모래 속을 헤집어 게 잡기 놀이도 하고 모래흙 장난하며 놀았다. 돌아오는 길에 바닷가 동네 활어 센터에 들렀다. 살아서 팔딱거리는 광어, 도다리, 농어, 오징어, 소라 등을 구경하는 일은 아이들에게 신선한 볼거리였다. 저녁에 먹을 매운탕거리를 사서 왔다. 개구쟁이 아이들은 쑥쑥 크고 평화로운 나날이었다.

 88올림픽 후 전국적으로 건설 붐이 일어났다. 동네 근처에 고층 아파트가 우후죽순처럼 여기저기 산 중턱까지 들어섰다. 우리 아파트 앞 바다 매립지에 대단지 고층 아파트가 들어서는 바람에 바다 전망이 가려졌다. 그때는 이사를 자주 해야 부동산 재산이 불어난다고 했다. 이재에 밝은 재주가 없었다. 한자리에 너무 오래 안주했다. 처음엔 그곳이 좋아서 살았고, 나중엔 그곳을 빠져나올 기회를 놓쳤다. 남편의 건강이 안 좋아지고 이사할 형편이 아니어서 눌러살았다. 그 후로 이사를 여러 번 해야 했다.

 어느 해, 시월에 골목 시장 근처 주택으로 이사했다. 짐 정리하고 나니 피곤하여 저녁 일찍 잠이 들었다. 아침밥을 짓기 위해 일어났다. 주방으로 나가면서 무심결에 벽에 걸린 거울에 얼굴을 비춰 봤다. 거울 속 얼굴은 어제저녁의 내 얼굴이 아니었다. 밤사이 갑자기 피부병이 난 것인지. 단풍처럼 울긋불긋한 반점들이 얼굴 가득했다. 사춘기 때 여드름 이후 한 번도 경험해 보지 않은 이 희한한 상황이 생경하였다. 아프거나 가렵지도 않았다. 자는 아이들의 얼굴을 살펴보았다. 별로 달라져 보이지 않았다. 나만 이런 것은 무슨 조화인지 혹시 몹쓸 병이라도 걸린 것인가. 하필이면 면상에 이러니 바깥에 나가기도 쉽지 않아 보인다. 요리조리 거울을 들여다보면서 수수께끼 같은 상황을 파악해 보려 애썼다. 이따가 병원에 가 봐야겠다고 생각하며 주방 쪽으로 몸을 돌리는 순간 시선이 거울 옆 벽면에 닿았다.

　세상에! 전투병을 연상케 하는 시커먼 물체가 전열해 있었다. 흰 벽에 길고 검은 다리를 곧추세우고 떼거지로 까맣게 붙어 있는 모기떼였다. 섬뜩한 공포감마저 들었다. 저놈들이 밤새도록 우리 가족의 피를 무자비하게 수혈해 갔구나. 방충망도 끼워져 있는데 이들 모기는 어떻게 단체로 월담한 것인가. 이 방은 벽면 두 쪽을 빼면 나머지는 모두 창문으로 되어 있었다. 방충망을 살펴보았다. 오래된 방충망은 삭아서 구멍이 숭숭 뚫어진 곳이 여러 군데였다.

　가을이 지나고 겨울이 왔다. 어떤 돌팔이가 시공한 방바닥 난방은 날림 공사였다. 방바닥에 앉으면 한쪽 엉덩이는 뜨겁고 한쪽 엉덩이는 차가웠다. 옛집이라 벽이 얇았다. 첫 겨울에는 무작정 외풍에 떨었다. 이태째는 유리창에 비닐 뽁뽁이를 붙였더니 외풍이 훨씬 덜했다. 3년째는 유리창을 두꺼운 비닐로 아예 밀봉해 버렸다. 추위는 견딜 만했으나 더 큰 일이 기다리고 있었다. 자고 일어나면 아이들의 머리맡에는 하얀 휴지가 수북이 쌓였다. 공기 순환이 되지 않았다. 장롱 뒤

벽면에 습기가 차서 물이 줄줄 흘러내리고 새까맣게 곰팡이가 피었다. 온 식구가 비염에 시달려야 했다.

  그런 가운데서도 웃을 일이 있으면 웃고, 장난도 치고, 농담도 주고받으며 살았다. 슬프다거나 불행하다는 생각보다 그저 현실을 담담히 받아들였다. 우리는 서로의 체온을 나누며 '우분투' 정신으로 그렇게 3년을 살았다.

차용증

나는 빚쟁이다. 앞으로 한 사람 한 사람 내가 빚진 사람들에게 빚을 갚을 계획이다. 빚을 다 갚고도 주머니 사정이 허락한다면 베푸는 삶을 살고 싶다. 감사하게도 이래저래 여러 사람으로부터 은덕을 입고 살았다. 빚쟁이라서 돈을 많이 갚아야 한다기보다는 따뜻한 밥 한 그릇에 온정을 담아 대접해야 할 사람들이다. 조용하고 정갈한 한정식집이 좋을 것 같다. 때에 따라서는 내가 만든 소박한 밥상을 차릴 수도 있겠고. 주인의 고아한 취향이 돋보이는 정원이 아름다운 찻집에서. 또는, 창문 너머로 푸른 바다 수평선이 하늘과 아스라이 맞닿은 전망 좋은 찻집도 좋고. 푸근한 시골스러운 황토방에 다리 펴고 앉아, 우리 그때는, 이러저러했었지 하고 야금야금 추억을 되씹어도 괜찮겠다. 지금까지 받았던 은혜로운 일들 빠트리지 않도록 기억을 더듬어 수첩에 꼼꼼히 적바림해 놓아야겠다. 내가 받았던 물질이나 따뜻한 마음, 따스한 눈빛에 이자를 조금 더 얹어 갚고 싶다.

 삶의 길목에서 만난 형님이 여럿 있다. 사람이 살아가는 모습은 제각각이지만 본받을 점들이 있다. 살면서 좋은 인연을 만나는 것은 행운이라 생각한다. 성품이 음전한 사람에게서는 귀티가 난다. 말씨는 따스하고 상대방에 대한 배려가 깔려 있다. 행실에 친절과 사려 깊은 마음 씀씀이가 돋보이는 사람이다. 다재다능한 사람을 보면 부족한 것이 많은 자신을 되돌아보게 한다. 긍정적 사고와 항상 밝은 기운을 가진 사람. 늘 베풀고 사는 사람을 보면서 닮고자 한다. 사람의 천성은 쉽게 바뀌지 않는다는 말이 있다. 나는 본성이 살갑지 못하고 태생적으로 게으른 탓에 좀 느린 편이다. 살아오면서 뒤늦게 깨달은 마음의 빚이 있다. 말과 행동에 대한 빚이다. 첫째는 말을 잘 할 줄 모른다. 말을 하는 경우보다 주로 듣는 쪽을 선택한다. 말실수 할까 봐 조심하다 보니 말을 안 하는 습관이 들었다. 애교스럽게 말로 아양을 떨거나, 진정성 없는 말로 상대방의 비위를 맞추는 재주는 더더욱 없다. 적당히 겉말도 할 줄 알아야 하는데 젬병이다. '00님 너무 좋습니다. 존경합니다.' 이런 말을 습관적으로 하는 친구가 있다. '너무'란 부사를 남용하는 것 같은데 듣는 사람 입장에서 생각해 보면 기분이 좋을 것 같기도 하다.

　누군가를 만났을 때 활짝 웃는 미소는 상대방 마음의 빗장을 풀게 한다. 예쁘게 잘 웃는 것도 재주다. 상대방을 기분 좋게 하는 데는 칭찬도 좋지만 반갑게 맞이하는 따뜻한 미소도 한몫한다. 나는 예의를 지키려 애썼지만, 상대방의 기분까지 좋게 할 만큼 예쁜 미소를 짓지는 못했던 것 같다. 여자가 웃음이 헤프면 안 된다는 유교식 풍속에 습득된 굳어진 사고다. 쉬이 고쳐지지 않겠지만 지금부터라도 잘 웃는 연습을 해 봐야겠다. 따뜻한 미소도 갚아야 할 빚이다. 목록에 추가하여야겠다. 빚쟁이어서 즐겁다. 나의 전생이 빚쟁이였다는 말을 들은 적이 있다. 그래서 그런지 이생에서는 갚고 또 갚아야 할 모양이다. '차용증'은 갚아야 할 빚 목록에 나만 아는 것이다. 마음을 옭아매는 차용증이 아니라 내가 갚을 수 있는 능력에 맞추어 조금씩 갚을 것이다.

　나이 들수록 홀가분해지는 삶이 좋다. 의무나 책임에서도 한결 가벼워졌다. 집에 가구나 가재도구도 꼭 필요한 것 이외는 되도록이면 더 보태지 않으려 한다. 비운만큼 공간이 생기고 마음의 여유도 생긴다. 내가 원하는 집은. 단조롭지만 실용성 있는 집이면 족하다. 사진 화보에 나오는 멋진 집도 물론 좋아한다. 한창 살림하는 재미가 새록새록 드는 새댁일 때는 아기자기하게 집 꾸미는 것을 취미 삼아 할 때도 있었다. 나이 들어서는 살림을 줄이는 것이 맞는 것 같다. 이다음 내가 없는 세상에서는 모두가 쓰레기일 뿐이다. 물질이든 마음이든 빚을 갚고 홀가분해지고 싶다.

초분(草墳)

 청산도 섬에 꼭 한번 가 보고 싶었다. 부산에서 버스를 타고 긴 시간을 달려서 남도 끝자락 완도에 도착했다. 완도에서 다시 여객선을 타고 50여 분 만에 청산도항에 닿았다. 청산도에 내리니 갯가 특유의 비릿한 갯내가 훅 끼쳤다. 부둣가에는 작은 어선들이 정박해 있는 소박하고 작은 항구다. 섬에서 나고 자란 사람들에겐 친숙한 고향 냄새일 것이다. 부산서부터 타고 온 버스를 여객선 화물칸에 싣고 청산도에서 다시 그 버스를 타고 섬 한 바퀴를 돌았다. 중간중간 내려서 해설사의 설명을 들었다. 몇 군데를 거쳐서 영화 '서편제'의 배경이었던 노란 유채꽃 밭머리에 닿았다.
 봄은 노란 유채꽃 향기로부터 오는가. 나직한 산등성이 따라 노란 물결이 일렁인다. 영화 '서편제'에 유봉, 송화, 동호 세 사람이 진도아리랑 자진모리 북장단에 덩실덩실 춤추며

걷던 그 길이다. 유채꽃밭 돌담 길에는 구성진 진도아리랑 노래가 스피크를 타고 흘러나왔다. 노랫가락에 흥얼흥얼 따라 부르며 걸었다. 유채꽃밭 끄트머리에 드라마 '봄의 왈츠' 세트장이 있다. 예쁜 유럽풍의 건물이다. 드라마 세트장 바로 앞 비탈진 언덕 아래쪽은 온통 유채꽃밭이다. 바람에 사운거리는 노란 파도 너머로 바다는 희끗희끗한 물비늘이 아른거린다. 시선을 당기니 발 딛고 선 바로 아래 낯선 물체가 보였다. 볏짚 초가 이엉을 입힌 가묘이다. 해설자의 설명에 의하면 '초분'(草墳)이라고 한다.

해설을 듣는다. 예전에 섬 지방에서는 사람이 죽은 시신을 바로 땅에 묻지 않는다고 했다. 관을 1년~3년 동안 돌 축대 또는 평상 위에 얹고, 풀이나 솔가지, 짚으로 만든 이엉을 덮어 새끼줄로 얽어 둔다. 초분 옆에서 시묘살이 3년 뒤, 육탈이 되면 뼈만 추려서 깨끗이 닦아 매장한다. '초분'은 정성이 많이 들어가기 때문에 부모의 생전에 못다 한 효도를 갚는 길이기도 하다. 부모가 돌아가신 후 바로 매장을 하는 것은 불효라 생각했다. 자식이 멀리 고기잡이 나가거나 타지로 나가 부모님 임종을 지키지 못할 경우에도 초분을 만들었다. 정월이나 2월에 땅을 건드려 묘를 쓰면 마을에 우환이 생긴다는 말이 있다.

'초분' 안의 망자는 세상의 고뇌에서 벗어나 고요히 누웠다. 밤이슬 머금은 영혼은 맑은 아침 햇살을 받아 정갈해진다. 멀리 고기잡이 나갔던 아들이 돌아왔다. 끼이꺼이 목 놓아 우는 울음소리 스치는 바람결에 듣는다. 괜찮다. 괜찮다. 아들아, 나는 여기에, 너는 거기 있으니 삶과 죽음이 함께이거늘 너무 슬퍼 말거라. 가만히 누웠으니 영혼은 바람처럼 자유롭고 고되었던 몸 이제 아주 편안하구나. 달빛 푸른 고요한 밤 산천 초목 정령들 나의 두려움 살라 주네. 유채꽃 향으로 내 육신은 향기롭고. 귓전에 꿈결 같은 뜸부기 소리. 아득한 보릿고개 그 옛날이 그립구나. 서늘한 가을바람에 날로 야위어 가는 육신. 비로소 굳고 하얀 뼈만 남는다. 아들아, 이제 원래의 자리로 돌아가는 것이야. 울지 마라. 수척해진 얼굴로 비통한 눈물방울 뚝뚝 떨구는 아들을. 망자는 엷은 미소로 지긋이 내려다본다. 고맙다. 아들아.

성묘 때였다. 우리 형제가 아버지 산소에 배례하는 사이, 어머니는 갈고리 같은 앙상한 손으로 봉분에서 흘러내린 흙을 다독이고, 잔디를 비집고 올라온 잡초들을 낱낱이 골라냈다. 어머니가 그때만큼의 근력이라도 가지고 계시면 얼마나 좋을까. 이제는 '너거 아부지 산소에 나 좀 데려다 달라'는 말도 잊은 지 오래다.

현으로 세상 엿보기

　절대 음감을 타고난 아이. 우연히 유튜브에 올라온 영상을 보았다. 뽀글뽀글 파마머리 다섯 살짜리 귀여운 유예은 어린이다. 조그맣고 포동포동한 손가락이 건반 위에서 퐁퐁퐁 소리를 낸다. 가만히 보니 악보가 없다. 한번 듣기만 하면 그대로 피아노를 친다고 한다. 예은이는 태어날 때부터 안구가 없는 장애로 태어났다. 탯줄이 잘리는 순간 부모의 품이 아닌 입양이 결정되어 있었다.
　예은이가 입양 간 곳은 장애인 형제들이 사는 시설이었다. 원장 부부는 예은이를 가슴으로 낳은 딸로 받아들였다. 예은이가 처음 피아노를 접한 것은 세 살 때 엄마를 따라간 교회에서였다. 노랫소리를 듣고 무엇에 이끌리듯 피아노 앞으로 아장아장 걸어갔다. 즉석에서 피아노로 노래 한 소절을 쳤다. 그때부터 엄마는 예은이에게 특별한 재능이 있음을 알아챘다. 남편은 교통사고로 하반신 마비 장애인이었다. 예은이 엄마는 몸이 열 개라도 모자랄 지경이다. 어려운 형편에도 예은이가 재능을 펼칠 수 있도록 기꺼이 뒷바라지 했다.

엄마는 예은이한테 강물을 만져 보게 하고, 고양이의 털을 쓰다듬고 촉감을 느끼게 했다. 예은이를 오토바이에 태워 달렸다. 쫙 편 손가락 사이로 스치는 바람결을 체험하기 위함이다. 앞이 안 보이는 예은이가 가는 곳에는 항상 엄마와 함께였다. 5, 6살 때 티브이 프로 스타킹에 나와서 쇼팽의 "즉흥환상곡", 베토벤 "엘리제를 위하여."를 연주했다. 5살 천재 시각 장애 피아니스트이다. 보통은 7년 정도 열심히 배워야 칠 수 있는 곡이다. 예은이는 6개월 만에 수준급으로 연주했다. 악보를 볼 수 없으니 머릿속에다 그려 외워서 친다고 했다.

지금은 긴 머리 여대생 21살 예쁜 예은 양의 모습이다. 국내외 초청으로 꿈을 펼치고 있다. "바다의 숨결"을 직접 작곡했다. 눈을 감고 그녀의 피아노 연주를 듣는다. 잔잔한 호수 위 쏴아 쏟아지는 빗줄기가 시원하게 내 가슴을 적신다. 물방울이 통통 튀는 맑고 투명한 선율이다. 눅진한 마음을 상쾌하게 끌어 올린다. 눈물이 조용히 볼을 타고 흘러내린다. 마음의 눈으로 담아낸 선율은 현의 미세한 떨림이다. 태어나서 단한 번도 눈으로 직접 세상을 바라본 적이 없는 그녀다. 어렸을 적에는 다른 사람들도 다 자신처럼 눈이 안 보이는 줄 알았다. 본다는 의미가 무엇인지 몰랐다. 그랬을 것이다. 나는 시각 장애인의 입장에서 세상 바라보기를 해 본 적이 없다.

상대방을 이해한다는 것은 터무니없는 얘기다. 그 상황, 그 처지에 놓여 보지 않고는 온전히 이해하기 어렵다. 그저 짐작만으로 느낄 뿐이다. 딴에는 열심히 살아왔다고 생각했지만, 이제 와서 보니 허랑허랑 산 것 같아 부끄러워진다. 중학교 때였다. 친구가 피아노 교습소에 다녔다. '거름 지고 장에 간다.'는 말이 있다. 뭔지도 모르고 나도 피아노 치겠다고 따라 나섰다. 바이엘 교본 반도 못 떼고 그만두었다. 나 같은 범속한 사람에게는 헛발질인 것을 진즉에 알아챘다. 꽃이 아름답고 풍경이 아름다운 것은 눈으로 보는 시각적 아름다움이다. 진실로 아름다움이란 마음에 울림이 있는 느낌이다.

옥상에 올라 갓 맑은 돋을볕을 바라본다. 비온 뒤 맑게 갠 하늘을 향해 깊은숨 들이마신다. 건너 아파트 담 언저리 아까시나무 가지에는 새들의 지저귐 소리가 맑은 하늘로 퍼진다. 과녁빼기 앞산 숲이 하루가 다르게 갈맷빛으로 짙어 간다. 맑은 햇살 한줌, 살랑거리는 바람 한줄기, 새들이 재잘대는 소리, 푸른 숲 한데 버무려 내면 어떤 선율이 나올까. 마음으로 읽고 그려 내는 현의 색깔은 또 어떤 느낌일까. 심연의 바닥에서 자아올린 깊은 영혼의 소리를. 현의 미세한 떨림으로 느끼고 싶다.

빈방

 김해공항에 아들을 전송하고 돌아왔다. 외국이라 거리상으로 멀게 느껴져서인지 군대 보낼 때보다 더 마음이 허전하다. 집으로 돌아와 주인 없는 빈방 아들이 앉았던 의자에 앉아 본다. 지난 세월이 스쳐 지나간다. 책꽂이 책들을 지켜보니 아들의 대학 시절이 떠오른다. 집으로 부쳐 온 아들의 대학교 1학년 성적표엔 온통 D~F 학점이었다. 어떻게 하면 이런 점수가 나올 수 있는지. 겉으로 드러나게 부모에게 반항하거나 불량한 행동으로 말썽 피운 적이 없었기에 별문제가 없는 줄 알았다.

 쌍둥이 아들놈의 등록금과 학비가 한 학기에 천만 원이 훌쩍 넘었다. 나의 뇌리에는 피 같은 돈을 헛되이 버리는 것이 아깝다는 생각뿐. 사지 육신 멀쩡한 놈이 뭐 한다고 학교도 안 가고, 학과 학우들 전화가 바리바리 오도록 처자빠져 밤낮

없이 잠만 자나 싶었다. 학교에 가지 않는다는 것도 나중에서야 알았다. 어미는 새벽부터 자갈치시장에 장사하러 나가야 했다. 젊으나 젊은 놈이 정신을 못 차리고 왜 저러고 사는지 알 수가 없었다. 시장 좌판 앞에서 생각을 곰글려 봐도, 내 몸과 마음이 어두워서 자식의 속마음까지 챙겨 볼 여유가 없었다.

 1학년 겨울 방학 때였다. 아들은 피자 가게에서 아르바이트로 오토바이 배달하는 일을 했다. 그해 겨울 오토바이 사고로 대퇴부 골절상을 크게 입었다. 앰뷸런스에 실려 가면서 으깨어진 뼈가 생살을 찌르는지 고래고래 짐승처럼 울부짖었다. 몇 개월간 입원했다. 30cm나 되는 철심을 허벅지에 심었다. 퇴원하고 한참 동안 목발을 짚고 다녀야 했다. 목발에서 벗어났어도 뒤에서 보면 양쪽 어깨가 삐뚤어져 등판이 휘어져 있다. 걷는 것이 익숙하지 않아서인지 한쪽 다리를 심하게 절뚝거렸다. 평생 저러고 살아가야 한다면 아들은 앞으로 인생을 어떻게 살아 낼까. 그나마, 머리나 얼굴 안 다친 것을 천만다행이라 여겨야 했다.

 1년 후 군대 영장이 나왔다. 운동도 안 하고 한창 먹을 나이에 몸피만 늘어 몸무게 90kg에 육박했다. 신체검사에 불합격 판정을 받았다. 다리 절어, 어깨는 휘어져, 체중이 하마 같아

군에서도 쓸모없는 몸인가. 군에 안 가도 되어 아들은 속으로 쾌재를 불렀는지 모르겠다. 다시 1년을 기다려 간신히 군에 입대했다. 입소 며칠 후 입고 갔던 옷이 왔다. 아들의 체취가 밴 옷을 품에 꼭 껴안았다. 입소 때도 울지 않았던 눈물이 목젖을 적시며 볼을 타고 내렸다. 신병 훈련 마치고 자대 배치 받은 곳이 최전방 경기도 어디라 했다. 어떤 부모들은 자식이 군에 가지 않기를 원했지만. 나는 아들이 군에 가서 정신과 몸이 건강해지기를 간절히 기원했다. 군대에서 스스로 강건한 청년으로 거듭나기를 바랐다.

한때 90kg이던 체중은 휴가 횟수만큼 몸무게도 줄어 갔다. 이런저런 포상 휴가를 자주 나왔다. "엄마, 나, 군대 체질인가 봐 군에 말뚝 박을까?" 이런 농담도 하였다. 그때 나는 집안 문제로 스트레스를 받아 많이 우울할 때였다. "엄마는 웃을 때가 제일 예뻐." 하면서 나를 위로해 주었다. 군 생활 중에 허벅지 철심 제거 수술을 받았다. 제대할 때는 구릿빛 얼굴에 몸무게 20kg 넘게 감량하여 건장한 청년으로 돌아왔다. 다치기 전보다 훨씬 더 단단해진 모습이다. 몸도 마음도 건강한 모습에 마음이 놓였다.

제대 후 대학에 등록하지 않겠다고 했다. 맏이인 형이 대학을 나와야 한다고. 돈 벌어서 형의 등록금을 대겠다고 했다.

생각이 기특하여 사회 경험이 최고의 인생 공부가 될 터이니 말리지 않고 지켜보았다. 'ㅇㅇ조선'에 취업해서 6개월간 일했다. 고된 노동과 맞바꾼 돈으로 사람들은 퇴근하면 날마다 술을 마셨고, 화투판을 벌였다. 아들은 생각이 많아졌다. 공부해야겠다고 마음을 바꾸고 다시 대학에 등록하였다. 여름방학 때 해외 어학연수 팀장을 맡아 갔다 오더니 어떤 계기가 되었는지. 지난 세월 보상이라도 하듯 공부에 열정을 쏟았다. 디자인 대회에서 두루 입상하는 성과를 거두었다.

  코로나19가 전 세계로 확산할 때, 아들은 4년간의 미국 생활을 마치고 돌아왔다. 다양한 경험과 좋은 사람 많이 만난 것이 큰 수확이었다며 자립을 목표로 청사진을 구상했다. 인생 이야기, 책 이야기, 음식 이야기, 여행 이야기를 함께 나누는 친구 같고 버팀목 같은 든든한 아들이다.

풀치

　재래시장에 들렀다. 싱싱한 야채나 물 좋은 생선이 있을 때 미리 사서 쟁여 두면 부자처럼 마음이 넉넉해진다. 기본적인 식재료만 준비해 놓으면 아무 때고 밥상 차리는데 걱정이 없다. 인간이 먹고 사는 일이 대수롭지 않게 된 것은 그리 오래지 않다. 옛날 서민들은 입에 풀칠하는 일이 가장 큰일이었지 싶다. 대수롭지 않은 일을 위해 나는 자주 장보기를 한다.
　입맛도 길들이기 나름인지 요즘도 풀치를 찾는다. 한여름 무더위 때 찬밥에 물 말아 바싹하게 구운 풀치를 뼈째 꼭꼭 씹으면 고소한 맛에 고단한 삶도 그럭저럭 견딜만했다. 풀치를 사 먹을 때가 내 인생의 고비였든가. 언제부터 풀치 맛에 길들여졌는지 정확히는 기억나지 않는다.
　남편이 수산 회사에 다닐 때는 오징어, 명태, 고등어 등 생선을 짝으로 들여와 이웃에 나누고 살았다. 냉동고를 사서 생선만 따로 저장했다. 집에는 일 년 내내 생선 떨어지는 날이 없었다. 남편은 회사를 나와서 개인 사무실을 차렸다. 수산물 회사들이 한창 호황기를 누리던 시절이었다. 명태나 오징어 같은 생선을 지방 수산물 도매업자에게 차떼기로 보냈다. 자갈치에도 가게를 내어 생선 장사하는 소매상에 생선을 대 주었다. 나는 남편이 만들어 준 신용카드 골드 회원 가족 카드로 시내 유명 메이커 매장에서 옷과 구두, 핸드백으로 내 허영심을 채웠다.

 IMF 외환 위기 사태에 휩쓸려 우리 집도 그 여파로 풍비박산이 났다. 우리 가게로부터 물건 받아가서 장사하던 거래처들이 물건값을 차츰 미루기 시작했다. 미수금이 계속 늘어났다. 배가 서서히 좌초하듯이 가라앉는 느낌이었다. 이제는 이 가정을 위해 내가 나서야 할 때라고 판단했다. 고무 앞치마에 고무장화, 고무장갑을 끼고 생선 파는 아줌마가 되었다. 내 꿈은 이게 아니었는데, 나의 의도와 상관없이 인생은 미궁 속으로 흘러들었다.

 비릿한 생선 비늘이 덕지덕지 붙은 고무 앞치마를 두르고 손에는 생선 칼이 쥐어졌다. 장사는 어설펐고 시간이 지나도 좀처럼 익숙해지지 않았다. 장사가 안 되는 날은 몸보다 마음이 더 고단했다. 눈보라 폭풍 같은 제2의 인생 역전이 도래했다. 겨울 삼동 바닷바람은 양철같이 날카로웠다. 새벽 댓바람부터 두 뺨이 얼얼하도록 진종일 찬바람을 맞았다. 고무장화 신은 발은 여름엔 땀이 차고, 겨울엔 동상 걸린 발가락이 이불 속에서는 근질근질 거렸다. 주로 원양물인 냉동 생선을 취급했다. 고무장갑 안에 면장갑을 꼈지만 냉동 생선은 얼음덩어리 만지는 거나 다름없었다. 손가락 끝이 바늘로 콕콕 찌르는 것처럼 시렸다. 밤이 되면 얼음 박힌 손끝이 아릿아릿했다.

새벽 도매 시장이라 여섯 시 전에 가게 문을 열려면 꼭두새벽에 출근해야 했다. 겨울 첫새벽 알싸한 바람이 살갗을 스치고 옷깃을 파고들었다. 늘 잠이 모자랐다. 비봉사몽간에 맞는 매서운 바람은 정신이 번쩍 들게 했다. 채찍이 팽이를 곧추세우듯, 세상 풍파가 높을수록 속을 단단하게 여몄다. 내 삶이 동정의 대상이 되는 것이 싫었다. 고무 앞치마를 두르고 있는 내게 친구가 찾아왔다. 동창 모임에 발길을 하지 않으니 바쁜 나를 보러 온 것이다. 내가 하는 일이 부끄럽다고 생각하지 않았다. 정신 근육이 단단해졌다. 책가방을 맨 네 명의 아이가 내게는 멍에이고 버팀목이었다.

나는 아프면 안 되었다. 아플 수도 없었고 아파서도 아니 되었다. 차츰 강단이 생겼다. 학교에서 배운 공부보다 인생 공부를 가장 많이 했던 시기였다. 되돌아보면 내게 필요한 담금질의 시간이었다.

뚱딴지

초여름 날씨다. 천장과 벽에 쌀 나방 같은 것이 한 마리씩 나타나기 시작했다. 징그럽고도 성가신 벌레다. 나방이 생길 만한 곳이 어딜까. 여러 날 신경을 곤두세우고 추적해 봐도 알 수가 없었다. 집에는 쑥차, 상엽차, 뚱딴지 차 등 직접 채취하여 만들어 둔 여러 가지 잎차 들이 있다. 구지뽕나무, 매실, 복분자 등 담금 술도 익고 있다. 귀촌살이 할 때 재미삼아 취미로 만들어 둔 것들이다.

하나하나 점검에 들어갔다. 원인은 뚱딴지 차가 문제였다. 플라스틱 통에 담아 둔 것이 애벌레와 함께 나방이 폴폴 날았다. 뭘 만들어 놓기만 하고, 갈무리를 잘 하지 않아 이런 사달이 나고 말았다. 우둔하고 엉뚱한 사람을 보고 뚱딴지같다는 말을 한다. 내가 딱 그 짝인 것 같다는 생각이 든다. 먹을 줄도 모르는 담금 술은 왜 만들어 이사할 때 짐스럽게 하는지

쓰잘머리 없는 일을 했다.

 시골 사는 친구네 집 옆 강둑에는 메리골드 꽃이랑 뚱딴지가 자생으로 자란다. 뚱딴지 캐러 오라는 친구의 전갈을 받고 동기생 한 명과 시골 친구네 집에 갔다. 강둑에는 사람 키 높이보다 더 큰 뚱딴지 줄기가 늦가을 햇살 아래 휘청거렸다. 바삭 마른 잎과 줄기는 희아리같이 푸석하고 구중중해 보였다. 골다공증에 걸린 어머니의 뼛속같이 질긴 섬유질만 남았다. 청청했을 줄기는 몸을 가누지 못하고 이리저리 쓰러져 있었다. 겨울이 오기 전 푸른 속대 속 진액을 뿌리로 내려보내 올망졸망한 뚱딴지의 씨알을 영글게 했으리라.

 말라비틀어진 줄기를 손으로 잡아당기니 쑥쑥 잘 뽑혔다. 쓱싹쓱싹 호미질 몇 번에 언보라색 뚱딴지가 웅긋중긋 불거져 나왔다. 햇볕에 그을려 검버섯으로 얼룩덜룩하고 왜소해진 어머니의 생기 없는 팔뚝을 보는 것 같았다. 그 가느다란 팔로 호미질하고, 자식들 먹이고 거두느라 진이 다 빠진 것이다. 마른 줄기는 옆으로 제치고 물기 촉촉한 연보랏빛 알맹이만 바구니에 차곡차곡 담는다. 지금의 내 모습을 본다. 내 새끼는 알토란 같이 챙기면서 어머니한테 향하는 발걸음은 늘 더디다.

 초등학교 동기 중 뚱딴지 같은 친구가 있다. 빠글빠글한 파마머리와 작달막한 몸피로 늘 바동거렸다. 햇볕에 그을린 감작감작한 얼굴은 그녀를 더욱 암팡져 보이게 했다. 몇 년 전에 사고로 젊은 아들을 가슴에 묻어야 했다. 그녀는 어린 손주를 거두어 키웠다. 손톱 밑이 까맣게 깻잎 풀물이 들고, 허리가 아프고 온몸 삭신이 쑤셔도 참을 수 있었던 것은, 손주들의 까만 눈망울에 어린 그늘을 걷어 주고 싶어서다.

고향 친구 모임이 있는 날 그녀는 오토바이를 타고 씽씽 달려 왔다. 삶이 녹록지 않아 보였지만 언제나 씩씩했다. 고향 친구들과 어울려 지내게 된 것이 어언 반백 년이 넘었다. 내일모레면 나이 칠십이다. 모이면 이런저런 얘기가 일상다반사이고 건강에 관한 것들이다. 무슨 영양제를 먹고 있고, 비타민은 어떻고, 무릎 관절 안 좋은 데는 뭐가 좋다더라. 건강 검진은 했냐. 주로 이런 이야기들이다. 그녀가 뜬금없이 나섰다. 그 말인즉슨 처진 볼살을 당기고, 주름살도 쫙쫙 펴고 싶다고 진지하게 말했다.

돼지감자가 아닌 희고 포슬포슬한 수미감자가 되고 싶어 했다. 그런 그녀의 마음을 나는 얼른 이해하지 못했다. 햇볕에 그을린 까무잡잡한 얼굴에 웃으면 치아만 하얗다. 광대뼈와 눈 밑으로 검은깨를 쏟아부은 것 같은 기미와 주근깨가 그녀의 트레이드 마크처럼 당연시했다. 여자라면 누구나 예뻐

지고 싶은 욕망이 있는 것을 그녀는 예외일 것으로 생각했다. 그녀가 뚱딴지같다고 여겼다. 착각이었다. 편협한 내 생각이 문제였고 뚱딴지는 나 자신이었다.

제2부

개명

 초등학교 동기 모임이 있는 날이다. 시골 초등학교 졸업생은 63명 딱 한 반뿐이다. 분교로 있다가 개교한 학교다. 1학년부터 6학년까지 6년을 함께 했으니 친동기간 못지않다. 어느덧 칠순에 이르렀다. 얼굴엔 주름살과 검버섯이 얼룩지고 머리엔 흰서리가 내려앉았다. 초등 학생 시절로 돌아간 듯 너나들이 이름을 막 불러도 어색하지 않은 사이다. 무람없이 치는 장난질과 짖궂은 농담도 가볍게 받아넘긴다.
 20여 명 만나는 동기 중에 개명한 친구가 무려 4명이다. 짖궂은 친구가 한마디 한다. 나이 들어가니 알던 이름도 까먹을 판인데, 새 이름을 하나도 아니고 네 개를 헷갈려서 우찌 다 외우노? 팔자 고칠 것도 아니고 다 늦은 나이에 이름은 뭐 하러 바꾸노?' 한다. 개명한 친구가 한마디 거든다. '사주는 못 바까도 팔자는 바꿀 수 있다는데 혹시 아나. 시집을 한 번 더

갈지' 말해 놓고 모두가 깔깔깔 웃어 젖혔다. 하필이면 개명한 사람이 모두 여자 동기들이다. 그중에 나도 한 사람이다.

중학교 때였다. 이름도 성도 같은 학생이 한 반에 세 명이었다. 이렇게 흔한 것이 내 이름이라니 자존심이 무척 상했다. 사촌들까지 영순, 영자, 영숙, 영애 딸들은 '영' 자 돌림이고, 아들들은 '종'자 돌림으로 할아버지께서 지어 주신 이름이다. 할아버지께서는 작은 아들인 우리 집에 가끔 다니러 오셨다. 학교 갔다 오니 다른 식구들은 보이지 않았고, 하얀 모시 적삼 차림의 할아버지는 사랑방에서 방문을 활짝 열어 놓고 계셨다.

잠시 후 하늘이 어두워지더니 빗방울이 후드득 떨어졌다. 마당 덕석에 타작해서 늘어놓은 콩이 비에 다 젖게 생겼다. 어린 내 힘으로는 어찌할 수가 없어 발을 동동거려도 할아버지는 꿈쩍을 안하신다. 양철 쓰레받기처럼 생긴 것으로 콩을 쓸어 담아 축담으로 퍼다 날랐다. 그것을 보시고는 흡족하셨는지 영리할 '영(怜), 맑을 '숙(淑)'이로고, 하셨다. 나는 이름처럼 영리하지도 않았고, 나중에 안 것은 영리할 '영' 자가 아닌 꽃부리 '영(英)' 자를 쓴다.

여고생일 때 친구가 어디 갈 데가 있으니 같이 가자고 했다. 친구를 따라간 곳은 철학관이었다. 친구의 상담이 끝나고, 옆에 가만히 앉아 있는 내게 '넌 이름이 뭐니?' 철학관 남자가 물어서 박ㅇㅇ이라고 대답했다. 남자는 대뜸 'ㅇㅇ될 팔자'라 했다. 그 남자가 잘 맞힌 것인지 내 이름에 그런 비밀스런 점괘가 들어 있었는지는 알 수 없지만. 살면서 가끔 그 남자가 했던 말이 떠올라서 씁쓸했다. 그래서 그런지 'ㅇㅇ'이라는 이름에 더 정이 안 갔다. 내 운명이 이름 때문에 액운이 끼여 있는 것일까. 개명해 볼까도 싶었지만 망설망설하다 그쳤다. 중년을 지나면서 어쩌면 운명이 역술가의 예언대로 적중한 것인지 모르겠다는 생각이 들 때가 있다.

　몇 년 전 지인들과 모인 자리에서 우연히 이름 이야기가 오고 갔다. 나와 가깝게 지내는 지인이 자기는 이름이 안 좋아서 개명했다고 했다. 예전에 철학관에서 들은 께름칙한 내 이름에 대해 이야기를 하였다. 지인은 그 자리에서 바로 작명가에게 전화를 걸어 연결해 주었다. 며칠 뒤 개명할 이름 후보 명단 세 개를 뜻풀이와 함께 보내왔다. 마음에 드는 것 한 개를 골라라 했다. 너무 여성스럽거나 남성스럽지 않고, 무겁지도 가볍지도 않은 중성에 가까운 '동주'(棟: 용마루. 마룻대 동. 主: 주인 주) 이름을 골랐다. 내 삶의 주인으로 살고 싶다는 생각에 고른 이름이다. 늘 마음을 누르던 예전 이름에서 벗어나 마음이 홀가분해졌다.

이름은 그 사람의 얼굴이고 신용이다. 이름과 함께 떠올리는 것이, 그 사람의 얼굴과 표정, 몸짓, 성격 그 사람만이 가지는 특색 같은 것이 있다. 영업집 간판에 자신의 이름을 적는 사람이 있다. 장인의 올곧은 고집 같은 것이 느껴진다. 일종의 책임이고 믿음이고 신뢰이다. 나는 누군가에게 어떤 모습으로 비추어 질지 내 이름자에 어울리는 삶을 살고 있는지.

그 남자

 카톡, 카톡, 손 전화기에 문자 오는 소리다. 코로나19 확산으로 얼굴 마주할 일은 줄었고, 대신 손 전화기의 활용도가 많아지면서 습관적으로 카톡 문자를 확인한다. 평소 알고 지내던 지인으로부터 온 카톡이다. 사진 몇 장이 시선을 끈다. 사진에는 오동나무 쌀통이라고 설명이 덧붙어 있다. 쌀 한 말 정도 품을 만한 크기의 항아리는 물결무늬가 고상해 보인다. 쌀통이라는 설명이 없었다면 예술 작품이라 해도 믿을 만했다. 그 아래 사진은 차함(茶盒) 세트다. 왕골로 만든 사각형 함 세 개를 쌓아 놓고 찍은 사진이다.
 지인이 '당근 마켓'을 즐겨 이용한다고 했던 말이 떠올랐다. 사진 속 물건들은 이사 가는 사람으로부터 받은 것이라고 했다. 나도 이번 이사 때 당근 마켓에 물건을 내어놓기도 하고 필요한 것이 있으면 들여 놓기도 했다.

내가 카톡에 이렇게 댓글을 달았다. '밥 잘 먹고 일 잘하는 마당쇠 같은 남자는 당근마켓에 없는가요?' 숨도 돌리기 전에 바로 답장이 왔다. '박 샘한테 딱 맞는 남자가 있다.'고 했다. 댓글이 줄줄이 올라와야 정상인데 너무 조용하다 싶어 다시 보니 개인 톡이다. 단체 카톡 방인 줄 알고 농담 삼아 올린 글인데. 어쩐다. 지인은 나의 댓글을 준비하고 기다리기라도 한 것처럼. 동기 동창 중에 ㅇㅇ출신이고, 지금은 정년퇴직하여 연금은 얼마 받으며 등등 나의 구미를 자극하는 조건을 늘어놓는다. 지인의 말이, 나에게 딱 맞는 사람이라는데 시치미 뚝 떼고 소개를 받아 볼까. 카톡 프사에 올라온 남자의 사진은 창이 넓은 밀짚모자를 쓰고 있었다. 허여멀건 인물의 미남형이다. 인물이 일단 내 취향은 아니다. 지인은 나에게 잘생기고 멋있는 사람을 소개해 주려고 했다. 겉모습 잘생긴 사람이 속이 깊고 배려심이 있기는 쉽지 않으리라는 것이 내 생각이다. 잘나서 부담스러운 사람보다, 적당히 못생기고 적당히 매력 있는 편안하고 따뜻한 사람이 내 기준이다.

사진 속의 남자와 카톡 문자를 주고받았다. 전원주택에 살고 있으며 집에서 꽃 가꾸는 것이 취미라 했다. 봄날에 옮겨 심은 꽃모종 사진을 찍어 보내왔다. 아내의 기일에 적은 자작시라며 추모 시를 보내오기도 했다. 식사는 어떻게 하느냐는 나의 물음에 아침은 주로 빵과 우유로 밥을 대신한다고 했다. 우리 세대는 밥과 반찬이 더 친숙할 것이라는 오지랖으로, 냉동실에 쟁여 뒀던 쑥떡과 밑반찬 몇 가지를 해서 택배로 보냈다.

요즘은 열 가구 중 네 가구가 혼자 산다고 한다. 부부가 다정하게 백년해로하면 더 없이 좋겠지만, 앞으로는 남자든 여자든 혼자 살아야 하는 기간이 갈수록 길어진다. 세상이 좋아져서 건강하면 혼자 사는데 별문제가 없다. 여자는 혼자인 것이 편할 때가 있다. 여행 갈 때 곰국 안 끓여도 무방하고, 때마다 반찬 걱정 밥걱정도 할 필요 없다. 잘 맞는 상대라면 나이 들어서 이성 친구도 좋고, 여생을 함께해도 좋을 것이다. 오랜 세월 살아오면서 굳어진 습관으로 잘 안 맞는 것이 문제다. 재혼하는 부부가 이혼율이 더 높은 것만 봐도 그렇다. 재혼은 가족 관계가 더욱 복잡해진다.

흙은 사람의 마음을 편안하게 하는 땅의 기운이 있다. 내 사주에 흙이 많아서인지 흙에서 수확하는 고구마, 감자, 채소류를 좋아한다. 푸성귀들을 심고 가꾸며 나눔의 즐거움을 함께할 사람, 흙의 심성을 닮은 친구가 될 사람을 은연중에 기대했던 것 같다. 날이 갈수록 그 남자와의 소통에 화제는 빈약해지고 소원해졌다. 양쪽 다 적극성이 부족했던 것 같다.

만나자는 얘기는 몇 번 오갔지만, 코로나19를 핑계로 흐지부지 끝났다. 어디서든 건강하게 잘 살기를 바라는 마음이다.

　내가 무슨 조선 시대 여자도 아니고, 남편에 대한 정절이 지극해서도 아니다. 문제는 전남편 같이 내게 잘 맞는 사람을 다시는 만나지 못하리라는 생각이다. 남편은 잘나지도 못나지도 않은 그저 평범한 사람이었다. 이웃을 향한 마음이 따스했고, 아내에 대한 배려가 몸에 밴 사람이었다. 환갑 전까지는 바쁜 일상으로 내 삶을 돌아볼 여유가 없었다. 이제는 늘 염원했던 나만의 공간, 나만의 시간이 주어진 지금, 하고 싶은 것 할 수 있는 소소한 삶이 좋다. 잠을 자든, 책을 읽든, 요리하기, 영화 보기, 친구 만나기, 아니면 아무것도 하지 않을 자유도 생겼다. 해도 그만 안 해도 그만이지만, 해야 할 것도, 해 보고 싶은 것도 아직은 많다. 나는 내 삶을 사랑한다.

담금질

 좀처럼 시간을 낼 수 없었다. 외삼촌 내외분을 찾아뵈야겠다는 마음은 늘 생각으로만 그친다. 코로나19가 성행할 때는 면역력이 약한 노인에게 안 좋을 거라는 염려 때문에 가지 못했다. 같은 부산 안에 살면서 거리가 멀다고 느끼는 것은 구차한 변명에 지나지 않는다. 지금까지 차일피일 미루게 된 것은 순전히 핑계라는 생각이 불뚝 들었다. 늘 마음 한 자락에 갚아야 할 마음의 빚이라 생각했다.

 46년 전 시골서 내려와 부산 모 야간 전문대학에 들어갔다. 입주 과외 자리가 무산되면서 갑자기 기거할 곳이 없어져 난감했다. 사전에 의논도 없이 외사촌이 다섯 명이나 되는 외삼촌 집에 얹혀살았다. 세월이 한참 지난 지금 생각해 봐도 참 염치없는 일이다. 학교를 졸업하고 고향에 있는 모직 회사에 영양사로 취직했다. 회사 현장 식당과 기숙사 식당을 관리했다. 피륙을 짜고 현장에서 나오는 폐 헝겊으로 불을 때서 천 명이 넘는 인원의 밥을 지었다. 지금으로서는 상상도 할 수 없는 일이다. 부엌에는 서 말들이 큰 가마솥 다섯 개가 부뚜막을 차지했다. 끼니때마다 아궁이에 활활 타오르는 불땀 좋은 불길이 뜨겁다. 뜨거운 것은 열정이다.

 1970년대 졸업 후 취직하기 전까지 친구와 잠시 범일동 달동네에서 자취할 때였다. 밖에 나갔다가 자취방으로 돌아오는 길은 가풀막진 골목길을 숨이 턱에 차도록 헉헉거려야 했다. 연탄아궁이 방은 냉골이기 일쑤였다. 식은 밥 한 덩이로 허기진 배를 채울 수 있으면 굶지 않은 것을 감사해야 했다. 졸업 후 당장 벌이가 없는 때여서 춥고 배고픈 시절이었다. 아이가 자라면서 넘어지면 처음에는 앙~ 하고 울음을 터뜨린다. 주위를 살피다가 아무도 일으켜 주는 이가 없으면 스스로 털고 일어나듯이, 자녀가 성장해서 자신의 하는 일이 잘 안될 때가 있다. 인생살이 필요한 담금질의 시간이라 생각한다. 부모로서 안타깝지만, 정신 근력이 탄탄해지기를 바라는 마음으로 지켜본다.

 고향 동네 근무한 지 1년 지날 무렵, 외삼촌한테서 전화가 왔다. 이력서 가지고 부산 내려오라고 했다. 부산으로 이직한 회사는 공장을 새로 지은 수산물 가공 회사였다. 새로 옮긴

회사에서 사감과 영양사 겸직을 했다. 내가 감당해야 할 사람은 엄마나 할머니뻘의 주방 이모들과 사춘기 발랄한 10대 아가씨들 백여 명이었다. 고된 일을 마친 아가씨들에게 저녁 시간에 한자 공부를 가르쳤다. 노동부 주최 바자회에 내놓을 매듭 작품이나 수공예 작품을 만들어 출품하였다. 돌이켜보면 그때는 최선이라고 하였으나 과연 잘한 일이었나 싶은 생각이 들 때가 있다.

기숙사 아가씨들은 대부분 섬지방이나 강원도 같은 내륙 지방에서 온 10대 후반이었다. 일 마치고 기숙사로 돌아오는 아가씨들은 생기발랄한 재잘거림이 종달새처럼 명랑했고, 고삐 풀린 망아지같이 천방지축인 경우도 있었다.

참 무던히도 속 썩는 일이 많았다. 이십 대 중반이었던 내게 삶이 만만하지 않다는 것을 일찌감치 일깨워 줬다. 참고 견디며 헤쳐 나가는데 이골이 났다. 차츰 마음 근육이 단단해졌다. 훗날 삶이 난간에 부딪혔을 때 의연하게 대처할 수 있었던 것은 일찌감치 내공이 쌓인 덕분이다.

외삼촌 내외분을 뵈러 가야겠다는 마음이 급해졌다. 호박범벅을 만들고, 냉동실에 쟁여 두었던 쑥인절미도 챙겼다. 과일 가게 들러 노랗게 때깔 고운 참외도 샀다. 아파트에 도착하고 보니 몇 호인지 기억나지 않아 다시 전화를 드렸다. 엘

리베이터 앞에 외숙모는 그 옛날처럼 환하게 웃는 얼굴로 기다리고 계셨다.

소리 없는 통곡

 새벽 네 시 반, 그녀는 옆 사람이 깨지 않게 조용히 일어나 검정색 상복을 벗고 평상복으로 갈아입는다. 은은한 향내가 배인 하얀 국화꽃 속에 낯익은 얼굴이 영정 사진 속에서 애처롭게 그녀를 바라보고 있다. 그녀는 향에 불을 댕겨 향로에 꽂는다. 파르스름한 한줄기 가느다란 연기가 피어오른다. 영정 속 남자에게 잠시 다녀오겠노라고 마음속으로 고하고 한참 동안 물끄러미 쳐다본다.
 밖으로 나오니 음력 섣달그믐의 새벽 찬바람에 으스스 한기가 돈다. 잿빛 하늘에 흐린 별 몇 개가 그녀의 마음처럼 스산하다. 택시를 타고 가게들이 즐비한 'ㅇㅇ수산' 간판 앞에 내렸다. 문을 열고 가게 안으로 들어서니 찬 공기가 썰렁하다. 먼저 전기난로에 스위치를 켜고 작업복으로 갈아입는다. 긴 고무 앞치마를 두르고 고무장화를 신었다. 고무장갑 안에

실장갑을 끼고 냉동고 안으로 들어가서 꽁꽁 언 대구 박스와 아귀 박스 여남은 박스를 익숙한 솜씨로 냉동고 밖으로 툭툭 던진다.

 어제 들어 온 주문에 맞추어 대구와 아귀를 전기톱으로 썰었다. 파란 비닐봉지에 매직펜으로 식당 이름을 적고 썰어 놓은 대구와 아귀를 10kg씩 담는다. 그날의 주문량을 차에 싣기 좋게 가지런히 해 둔다. 메모지에 식당들의 주문 품목과 수량, 금액을 적는다. 냉동회사 출고 전표까지 적어 책상 위에 올려놓고 나면 아침 일이 끝난다. 그제야 커피포트에 물을 끓여 커피를 마시며 한숨 돌린다. 배달 직원이 출근하면 작업해 놓은 물량들을 차에 싣는다. 식당마다 배달하고 가게 들어오는 길에 냉동 회사 몇 군데 들러 냉동 생선을 출고해서 가게 냉동고에 넣어야 한다.

 식당 거래처에 부고를 알리고 장례 기간 동안 가게 문을 닫을까 하는 생각을 안 해 본 것은 아니다. 갑자기 거래를 중지할 수 없는 것이 거래처마다 나가는 품목과 크기나 전기톱으로 자르는 방식이 달랐다. 전기톱 쓰는 것이 위험하여 함부로 누구에게 부탁할 수도 없다. 이참에 거래처 하나라도 끊기게 될까 봐서다. 직원에게 배달할 물품과 출고 전표를 건네주고 빈소로 돌아왔다.

남자의 옛 회사 동료들과 그녀의 동기생들과 친구들이 다녀갔다. 멀리서 일가친척들이 오고, 아들, 딸의 친구도 다녀갔다. 정신없이 남자의 삼일장을 치르고 축 처진 어깨로 집에 돌아왔다. 현관문에 들어서니 집안이 전에 없이 냉랭하다. 남자가 누웠던 자리에 온기 없는 이불만 덩그러니 남아 있다. 그녀는 여느 때와 다름없이 내일도 새벽에 일어나 일을 나가야 한다. 큰딸만 학교를 마쳤고, 둘째 딸과 아직 고등학생인 쌍둥이 아들이 있다. 눈물도 그녀에게는 사치였다. 몸이 아프지 말아야 한다. 그녀의 일을 아무도 대신할 수가 없다. 마음 놓고 아파서도 안 되었다. 그녀가 씩씩해야 아이들을 건사할 수 있다.

그녀와 남자는 장사에 젬병이었다. 차라리 정찰제가 붙은 상품을 파는 거라면 손님에게 친절을 다해 물건을 팔면 되겠지만, 장사 경험이 없는데다가 성격마저 서분서분한 편이 못 되었다. 남자가 수산물 회사에 다닌 경험으로 어쩌다 생선 장사를 하게 되었다. 장사는 아무나 하는 것이 아니었다.

해안가 시장으로 들이치는 겨울 바닷바람은 얼음장같이 차가웠다. 옷을 겹겹이 입고 두꺼운 목도리를 해도 얼음덩어리 같은 냉동 생선을 취급하다 보니 손가락, 발가락이 얼어서 손가락 끝이 아리고 아팠다. 두 뺨과 귀도 얼어서 불그레한 얼굴을 보고 모르는 사람들은 한잔했느냐고 물어볼 때도 있었다.

　남자의 건강은 차츰 나빠졌다. 병원에 입원과 퇴원을 반복하였다. 급할 때는 구급차를 불러야 했다. 가게 일이 힘에 벅찼지만 그만둘 입장이 아니었다. 남자가 떠나고 소리 내어 울 겨를조차 없었다. 가슴 깊은 곳에 멍울진 슬픔을 통곡으로 토해 내고 싶었지만 그럴 장소를 찾지 못했다. 운전을 하며 라디오 볼륨을 높이고 꺼억꺼억 목울음을 삼켰다. 흐르는 눈물이 볼을 타고 가슴을 적셨다. 한동안은 웨에엥~ 웨에엥~ 삐용삐용 다급한 소리를 내며 차들 사이 사이로 질주하는 구급차를 보면 가슴이 조여들었다. 소리 없는 통곡으로 굳어진 옹이. 명치 끝자락쯤에 그리움 같은 푸른 구슬 하나 지니고 산다.

제2부

일탈로(路)

  45년 전이다. 여학교를 졸업하고 2년 가까이 농사일과 집안일을 하며 지냈다. 모심기가 끝난 여름 들판은 살랑거리는 초록 물결로 싱그러웠다. 논밭의 이랑들은 사진 화보처럼 가지런하고 보기에 좋았다. 아버지는 농사일을 정말 열심히 하셨다. 적지 않은 논밭 일을 남보다 뒤처지는 법이 없었고 대충 하는 일도 없었다.

  아버지는 농사지어 몇 년씩 저축한 돈으로 논을 사서 늘려 나가는 것이 큰 즐거움이셨다. 땅이 넓어질수록 우리 가족은 고된 노동에서 벗어날 수 없었다. 잡초들은 모질고도 끈질기게 마른 땅을 차지하고 영역을 넓혀 갔다. 뙤약볕 아래 엄마를 도와 호미로 김매는 일을 했다. 금세 땀방울이 맺혀 땀이 눈에 들어가 따가웠다. 엄마는 이일을 얼마나 많이 했을까. 시골 생활이란 것이 멀리서 바라볼 때처럼 한가롭고 목가적인 풍경의 전원생활이 아니었다.

　화창한 봄날, 밭에서 고추 모종 옮겨 심는 일을 했다. 햇볕에 얼굴이 그을리는 것이 싫고 일도 힘에 부쳤다. 냇가 버들개지는 회색 꽃망울이 보송한 솜털을 두르고 한껏 부풀었다. 청춘이었던 내 가슴에 꽃망울 같은 희망의 씨앗 하나를 품었다. 우리 밭에서 바라보이는 곳에 경부선 철로가 있다. 기차는 하루에도 수없이 산모롱이를 돌아 기적 소리 울리며 서울과 부산을 왕래했다.

　막연히 저 기차를 타고 도시로 떠나야겠다는 생각이 마음 한구석에 자리 잡기 시작했다. 엄마처럼 살고 싶지 않았다. 그때 누군가가 나에게 말했다. 앞으로는 여자도 전문직을 가져야 한다고. 전문직이라는 말을 뇌리에 깊이 새겼다. 내가 할 수 있는 전문직이 뭐가 있을까. 이십 대 초반의 푸릇푸릇한 청춘이건만 아무런 기약도 전망도 없는 무의미한 날들로 회의감에 빠져들었다. 무언가 새로운 탈출구가 필요했다.

　어느 날 아버지는 내게 돈 심부름을 시키셨다. 그때로서는 상당히 큰 액수라고 짐작이 되는 돈을 외갓집에 갖다 드리고 오라고 했다. 다시 또 기회가 왔다. 아버지는 읍내 우체국에 들러 할머니 생신에 드릴 돈을 부치고 오라고 했다. 할머니는 서울 큰아버지 댁에 계셨다. 나는 내게 주어진 절호의 기회를 놓칠 수 없었다. 그길로 기차를 타고 부산으로 가서 전문 대학교 입학 원서를 샀다.

그때만 해도 딸은 시집가면 출가외인이라 하여 공부하는 것을 탐탁지 않게 여기던 때였다. 1970년대 돈이 참 귀하던 시절이었다. 가정 경제는 아버지가 관리하셨다. 학용품이나 참고서 살 돈이 필요할 때도 돈 달라는 말을 아버지한테는 무서워서 못했다. 돈 얘기는 주로 식구들이 둘러앉아 아침밥을 먹을 때, 경제권이 없는 엄마의 옆구리를 찔러서 작은 소리로 전했다. 미리 말하지 않고 왜 꼭 아침 밥상머리에서 하느냐고 아버지는 나무라셨다. 돈 달라고 할 때마다 아버지는 "내가 돈을 낳나 만드나." 하고 역정을 내셨기에 우리 형제들은 언짢은 소리 짧게 듣고 빨리 등교해서 그 자리를 피하고 싶었다. 대학에 진학하는 것을 응원해 준 사람도 엄마였다. 콩이나 팥, 푸성귀 등 밭 농작물을 읍내 장에 내다 팔아서 내 뒷바라지를 해 주었다.

졸업 후 회사에 취직하고 할머니의 생신 축하금 삥땅 친 것을 이실직고하였다. 할머니께서 부산 딸네 집에 다니러 오실 때, 세종대왕 용안이 그려진 빳빳한 신권으로(오만 원권이 나오기 전) 할머니의 빨간 꽃무늬 줌치를 기쁜 마음으로 채워 드렸다. 45년 전. 그 일탈은 더 큰 세계로 향한 나의 절실한 갈

망이었다. 그 때문인지 진학, 취직, 결혼 삶의 갈림길에서 늘 신중히 생각하는 버릇이 생겼다. 삶은 그냥 흘러가는 대로 사는 것이 아니라, 내가 선택한 삶이 나의 운명이라 생각한다.

예순이 넘어서 나는 또 한 번의 일탈을 시도했다. 방송통신대학교 진학했다. "거기에 나오면 뭐 하노? 다시 어데 취직할라 카나?" 나의 노모는 묻는다. "아니, 이제는 내 인생 공부하려고요." 나는 대답한다.

예쁜이 여사

 야외 학습 가는 날이다. '우리 집 예쁜이도 따라나서는데 두고 갈까요?' 단체 카톡방에 올라 온 D 선생의 문자다. 지난주에 미리 양해했던 사항이다. '그럼요.' '당연하지요.' 하는 댓글들이 올라왔다. D 선생은 70대 중반으로 우리 문학 동아리에 유일한 남자다. D 선생은 정년퇴직 후 아들 내외가 사는 부산으로 이사 온 지 4년째다. 부산은 타지라 아는 사람이 별로 없다고 했다. 마나님을 혼자 두고 소풍 가는 것이 마음이 쓰였던 모양이다. 야외 학습 갈 때 '우리 집 예쁜이'도 같이 가도 될까요? 해서 우리는 흔쾌히 그렇게 하시라고 했다. 마나님이 얼마나 예쁘고 사랑스러우면 여러 사람 앞에 그런 호칭을 쓸 수 있는지 자못 궁금하기도 하고 부럽기도 하였다.
 10명의 인원이 승용차 두 대에 나누어 탔다. D 선생 부부와 초면인 S 선생, 운전을 맡은 친구와 내가 한 팀이었다. 야외 학습은 소풍을 겸한 나들이다. 목적지는 통도사 말사인 서운암에 가기로 했다. 잠시 후 D 선생과 아내인 예쁜이 여사가 걸어오고 있었다. 어떤 대단한 미인이 오시나 하고 눈을 크게 뜨고 살펴보았다. 내 눈에 들어온 D 선생과 동부인한 여자는 보통의 신장에 몸은 날씬하다 해야 할지 약간 왜소해 보였다. 가까이서 보니 염색을 하지 않은 머리는 백발에 가까운 짧은 파마머리이다. 챙 모자 밑으로 드러난 얼굴은 화장기 없는 민낯이었다. 보편적인 예쁨의 기준에 부합하다고 보기엔 다소 거리가 있어 보였다. 요리조리 살펴보아도 피부가 뽀얗다거나 이목구비가 눈에 띄게 예뻐 보이지는 않았다. 객관적으로 볼 때 그저 평범함에 가까웠다.

우리 다섯 사람은 인사를 나누었다. 예쁜이 여사는 활짝 웃는 얼굴로 "초면에 실례가 되는 것 아닌지 모르겠어요." 하면서 고개를 조금 숙였다. 70대 나이치고는 톤이 높고 거침이 없는 활달한 음성이다. 행동거지가 다소곳하거나 수줍음을 타는 순둥이 과는 아니라는 생각이 들었다. D 선생이 50년 전에 씌워진 콩깍지가 아직 벗겨지지 않고 있는 비결이 뭘까 궁금했다. 운전은 친구가 했고 나는 조수석에 앉았다. 운전석 뒤로 D 선생 부부가 나란히 자리했고, 오른쪽에는 초면인 S 선생이 앉았다. 70대 중후반인 D 선생과 초면인 S 선생은 갑

장이었고, 예쁜이 여사는 70대 초반이라 했다. 친구와 나는 60대 끝자락이라 말하고 각자 소개가 끝났다. 예쁜이 여사는 취미로 탁구 치러 다닌다고 했다. 음성이 통통 튀어 오르는 탁구공을 연상시켰다. 종달새처럼 쉬지 않고 종알종알하는 말투가 나로서는 신기할 따름이다. 뒷좌석에 앉은 두 여인은 죽이 잘 맞았다. 금방 친해져서 살아가는 이야기를 주저리주저리 늘어놓는다.

역학 공부를 했다는 S 선생이 D 선생 부부의 띠와 나이를 물어 보고는 두 사람 궁합이 잘 맞는다고 했다. 그럴 리가 없다고 예쁜이 여사가 뾰로통한 얼굴로 불만을 토로한다. 자기가 남편에게 맞추어 사느라 얼마나 피곤한지 모른다고 했다. 가만히 듣고 있던 D 선생이 무슨 소리냐며, 평생을 참고 사는 일이 보통일이 아니라고 항변한다. S선생이 딱 부러지게 결론을 내린다. 남편분이 아내를 많이 맞추는 사주라고 했다. 기분이 좋아진 예쁜이 여사는 남편을 바라보며 인정한다는 듯 호호호 소리 내어 웃는다. D 선생 부부를 보며 퍼뜩 느껴지는 것이 있어 나도 한마디 거들었다.

'여자는 예쁘다. 예쁘다. 소리를 들으면 예쁜 삶을 살게 되는 것 같아요.' 예쁜이 여사를 돌아보며 그렇죠? 했더니 고개를 끄덕이며 함박웃음을 짓는다. D 선생은 '시끄럽죠 뭐' 했지만, 싫지 않은 듯 얼굴에 엷은 미소가 번진다. 정말 그럴 것 같다는 생각이 든다. 뭐니 뭐니 해도 여자는 지아비의 사랑이 최고다. 어느 듯 서운암에 도착했다.

잔희 공주와 두 총각

 총각이 외출했다가 돌아오는 시간이다. 발걸음 소리만 듣고도 잔희 공주는 반가움에 미리 현관문 앞으로 조르르 달려가서 서성인다. 현관문이 열리자마자 펄쩍펄쩍 뛰는 모습은 세 살짜리 아이가 아빠를 맞이하는 형상이다. 거실로 들어서는 총각 주위를 뱅글뱅글 돈다. 꼬리를 흔들며 연신 펄쩍거린다. '잔희 공주! 알았어, 알았어, 세상에 누가 나를 이렇게 반겨 주겠니.' 하면서 총각은 잔희 머리를 쓰다듬어 준다.

 잔희는 유기견 보호 센터에 있었던 강아지이다. 유기 견 앱에 올라온 사진을 보고 총각이 잔희를 데리고 왔다. 한번 버려진데서 입양했다가 다시 파양된 경험이 있는 강아지다. 처음 우리 집에 왔을 때 잔희는 생후 4개월이었다. 누르스름한 털 색깔에 귀는 동그스름하고, 갈색 눈이 겁먹은 듯 눈길을 피했다. 총각은 강아지에게 '잔희'란 이름을 지어 주었다. 암

놈이라 계집 '희' 자를 넣어 '잔희 공주'라 불렀다. 기가 죽은 잔희는 한쪽 구석에 가서 조용히 앉아 있을 때가 많았다. 불러도 머뭇거리고 쉽게 다가오지 못한다. 먹을 것을 줘도 멈칫멈칫 눈치를 살폈다.

두 총각은 나의 쌍둥이 아들이다. 아들은 손으로 잔희의 턱을 당겨 가만히 눈을 응시한다. 눈이 참 맑고 순수해 보인다며, "잔희 공주는 이제 아무 걱정하지 말고 여기서 우리랑 살자. 알았지." 하면서, 잔희의 등허리를 가만가만 쓰다듬는다. 입이 짧은 잔희를 위해 맛난 간식거리를 사 오고, 산책 시켜 주기를 2년째다. 잔희의 성격이 차츰 밝아졌다. 장난을 걸면 손가락을 입에 물고 아프지 않게 잘근잘근 깨문다. 공이나 장난감을 멀리 던져서 물고 와! 하면, 잽싸게 달려가서 물고 와서는 '나 잘했죠?' 하는 표정으로 꼬리를 흔들며 칭찬해 달라는 시늉을 한다. 가늘고 누르스름하던 털은 이제 윤기가 자르르 흐른다. 얼굴과 목덜미의 흰색은 우윳빛으로 귀티가 나고 초롱초롱해진 눈빛도 사랑스러워졌다. 몸무게 10kg 넘는 성견이 된 잔희와 함께 산책 나가면 사람들의 눈길을 끈다.

아침마다 출근복을 입듯 잔희도 목줄을 하고 두 아들과 함께 출근한다. 잔희는 사무실에서 거의 잠을 잘 때가 많다. 심심하면 같이 놀아 달라고 사람들 옆에 가서 머리를 들이대고

비비적거린다. 머리를 쓰다듬어 주고 가서 놀아! 하면, 말 잘 듣는 착한 아이처럼 제자리로 간다.

종이를 물어 찢기도 하고 제 밥그릇을 발로 툭 툭 치며 저 지레를 하면서 논다. 저녁때가 되어 셋이 나란히 퇴근해 오는 모습이 우습기도 하고 대견스럽기도 하다. 집에 오면 제일 먼저 하는 일이 잔희 목줄 벗기고 세면장으로 데리고 가서 네 발을 꼼꼼히 씻기는 일이다. 사랑받고 자란 아이가 귀히 여겨지듯이, 잔희 모습에는 귀티가 흐른다.

윤회설에 의해 잔희가 이 생으로 왔다면 잔희는 전생에 무엇이었을까. 전생으로부터 어떤 연이 닿아 우리 집에 왔는지도 모른다. 요즘 반려견은 가족에 해당한다. 세상에 숨탄것은 다 귀한 생명들이다. 인간과 가장 근접한 곳에 사는 것이 견공이다. 반려견이 인간으로부터 사랑받는 데는 그만한 이유가 있었다. 가만히 살펴보면 사랑받을 짓을 한다. 주인이 나갔다가 돌아오면 주인의 발자취를 따라 뱅글뱅글 돌고, 펄쩍펄쩍 뛰면서 온몸으로 환영해 준다. 꼬리를 세차게 흔들어 반가움의 표시를 한층 더 고조시킨다. 심지어는 손가락을 살짝살짝 깨물어 관심을 확인한다.

식충이처럼 밥 먹고 똥 싸고 잠만 자는 강아지라면 애견 인구 천만 명 시대가 될 수 없다. 장난질을 하고 사랑스런 몸짓으로 눈을 맞춘다. 간단한 말귀는 알아듣는다. 밥 먹자, 산책 가자는 말은 용케도 단번에 안다. 쫄랑거리며 귀여움을 떨고 재롱 피우는 것이 본분임을 어찌 아는지. 반려견으로 책무 이행에 손색이 없다.

삶의 조건을 읽다

 청도 임당리 마을을 들어서 고샅길을 따라간다. 고택의 흙돌담을 끼고 걸으니 솟을대문이 버티고 섰다. 좌우로 마구간과 방을 거느려 여느 대갓집 대문 못지않다. 이리 오너라 외치면 금방이라도 누군가가 나올 것 같다. 활짝 열린 대문 안으로 들어서니 인적 없고 쓸쓸한 기운만 감돈다. 바깥마당 넓은 터에 사랑채가 휑하니 홀로 서 있다. 사랑채를 한 바퀴 돌아보니 뒤쪽 바람벽에는 오래된 벽에서 흙이 부서져 내리고 있다. 오랜 비바람의 흔적이다. 사람의 온기가 사라진 빈집은 바람에 흩어지는 구름 마냥 허허롭다.

 큰 사랑채의 구조가 특이하다. 홑처마 팔작 기와지붕으로 정면 네 칸 좌측 두 칸 규모의 'ㅡ'자형 평면 형태이다. 우측 두 칸은 대청이고, 좌측 두 칸은 온돌방이다. 사랑채 앞 공간은 막힘없이 훤해 중 사랑채와 마주하고 있다. 가만 보니 중 사랑채나 안채로 드나드는 사람들의 모습을 환히 볼 수 있는 구조다. 중 사랑채 앞 나무 판벽과 나란히 'ㄱ'자 모양의 쪽담이 앙증스럽게 서있다. 대문채나 큰 사랑채에서 보면 중 사랑채 마루 앞이 살짝 가려진 상태다. 중문을 드나들며 내외가 정면으로 대면하는 거북함을 피하기 위한 것이다. 중 사랑채 우측 마당을 지나면 토담으로 별곽을 구성한 사당이 나온다. 전면이 북쪽을 향하고 있다. 자나 깨나 임금을 바라보는 충성의 표시이다.

후원에 작은 연못이 있다. 수초를 비집고 주황색 나리꽃 몇 송이 환하게 피어 있다. 지금은 사람이 살지 않아 잡풀이 무성하다. 그 시절에는 계절 따라 온갖 예쁜 꽃들이 흐드러지게 피었을 테지. 벌들이 잉잉거리고 호랑나비 춤추는 꽃밭을 거닐며 내시 아내는 외로움을 달랬을 것이다. 안채로 들어가는 중문 앞에 다다랐다. 중 사랑방 처마 앞 나무 판벽에 하트 모양의 구멍이 세 개 나란히 나 있다. 중 사랑채에 기거하던 내시가 안채에 있는 아내의 동정을 살피기 위해 만들어 놓은 것이다. 말년에 몸피가 줄어든 내시가 엉거주춤한 자세로 구멍에 눈을 디밀고 중문을 드나드는 사람들을 훑어보았겠지. 하트 모양의 구멍에 나도 눈을 갖다 댔다. 감시자의 마음으로 밖을 내다보니 기분이 묘하다.

중문을 지나 안채로 들어갔다. 중 사랑채 왼쪽 한 칸에 중문이 있고 오직 이 중문을 통해서만 안채로 드나들 수 있다. 안채는 뒤뜰과 튼 'ㅁ' 자 형으로 사방에 건물이 서 있다. 건물과 건물 사이를 흙담과 판벽으로 막아 빈틈이 없는 폐쇄 공간이다. 툇마루에 앉아서 하늘을 보면 좁고 네모져서 조금 답답하게 보인다. 안채 뒤를 돌아가니 넓은 뜰이 나온다. 채마밭인가 보다. 내시 아내가 푸성귀를 가꾸며 그나마 답답한 일상을 달랬겠지. 해 질 녘이면 뒤뜰에 나와 먼 산 너머에 있는 고향을 그리며 하염없이 올려다보았을 하늘은 예나 지금이나 변함없는데 옛사람의 모습은 간곳없다. 뜰에는 싱그러운 푸성귀나 도라지꽃도 하나 없이 벌 나비도 날아들지 않는 황무지인 채 잡풀만 무성하다.

 안채의 담은 이중으로 둘러쳐 있다. 안채와 뒤뜰을 싸고도는 나지막한 안쪽 담은 내시 아내의 행동거지가 다 드러난다. 반면, 바깥쪽 담은 넓은 집터 전체를 경계로 길고도 높아 보통 사람의 키를 훌쩍 넘는다. 어느 곳도 몸 하나 빠져나갈 틈새가 보이지 않는다. 내시 부인은 친정 부모님 사망 때만 외출이 허락되었다. 창살 없는 감옥살이가 몸과 마음을 옥죄는 신세, 차라리 한 마리 새가 되어 훨훨 날고 싶었겠다. 누구에게나 타고난 운명이란 것이 있다. 내시의 운명은 기구하다.

평범한 지아비의 삶을 살지 못한다. 내시라는 모멸감도 견뎌야 한다. 사랑하는 아내를 품어 주지는 못할망정 자나 깨나 감시해야 했다. 그 설움과 아픔과 미안함을 다 끌어안고 살아가려면 얼마나 많은 속울음을 울었을까.

인간이라면 자신의 핏줄을 이은 자손을 원한다. 아이를 키우는 것도 세상사는 재미 가운데 하나이다. 내시의 대궐 같은 집에는 갓난쟁이 울음소리도 아이들이 재잘거리는 소리도 들리지 않았다. 그렇다고 바깥 사람을 함부로 들이지도 못했다. 적막한 안채에는 내시 아내의 한 서린 깊은 한숨만이 반짇고리에 서리서리 담겨 있는 듯하다. 내시나 내시 아내는 봉건시대의 문화가 빚어낸 결과물이다. 인간의 기본권인 의, 식, 주, 성 가운데 하나를 얻으려면 하나를 내어 놓아야 했다. 가난한 집 아이를 들였으므로 양자는 밥을 얻기 위해서 성을 포기했다. 내시 아내는 임신과 출산의 기쁨도 누리지 못했다. 지금으로 보면 참으로 비인간적인 문화였다.

인생의 주체는 나다. 나로 살면서 책임과 권리와 의무는 내 삶의 조건이다. 이순을 지나니 삶이란 특별하고 거창한 것이 아니었다. 아이를 낳고 키우면서 누리는 희로애락이 삶이었다. 의무는 있고 소소한 일상에서 기쁨을 얻는 권리를 못 누린 저들의 삶을 보니 마음이 짠하다. 솟을대문을 나와 다시

긴 담장을 따라 걷는다. 같은 여자로서 설움이 빙의되어서일까. 돌아오는 길에 자꾸만 내시 아내의 일상이 어른거린다.

표현의 자유

지하철 문이 열리고 젊은 아가씨가 탔다. 아가씨 둘이 연신 재잘대며 자리에 앉는다. 무심결에 보니 아랫입술 양쪽으로 피어싱을 했다. 옆에 같이 온 아가씨 코 안이 반짝거려 다시 슬쩍 훔쳐보았다. 세상에나! 코뚜레 피어싱을 했다.

그 모습이 예쁘다거나 매력 있어 보이기보다는 음식 먹을 때나 세수 할 때 얼마나 불편할까 공연한 걱정을 내가 하고 있다. 저 모양을 하고 많은 사람 앞에 나서려면 대단한 용기가 필요할 것 같다. 한때 티브이에 나오는 탤런트나 아이돌 가수들이 하의 실종이라는 패션을 유행시킨 적이 있다. 윗도리는 간신히 엉덩이가 덮이는 정도였다. 뒤에서 보면 바지를 입었는지 안 입었는지 알 수가 없다. 자신의 몸매는 생각도 않고 너 나할 것 없이 유행을 따라했다.

우리 집 딸들도 예외가 아니었다. 큰딸은 패션에 관심이 많다. 브이넥의 블라우스를 입은 딸이 외출 준비를 한다. 목에 스카프라도 하라고 말을 해 보지만 듣는 척도 안 한다. 키가 작은 것도 아닌데 하이힐에 핫팬츠 차림이다. 사람들의 시선이 힐끔거릴 것을 생각하면 내 마음이 불편했다. 몸가짐이나 옷차림이 조신했으면 하는 나의 바람과는 다르게 청개구리 짓을 하는 딸이 못마땅하다. 어느 날 둘째 딸 부부가 집에 왔다. 사위의 차림새를 보니 무슨 날라리도 아니고, 청바지는 무릎 부분이 뻥 뚫려 너덜거렸고. 팔척장신에 노르스름한 염색 머리에 파마까지 하였다. 나는 속으로 놀란 가슴 티내지 않으려고 태연한 척 웃으며 반겼다.

젊은 세대와의 간극을 내 딸이 아닌 사위로부터 느끼는 중이었다. 아들과 딸들은 사위의 차림새에 대해 전혀 개의치 않는 눈치다. 나의 고루하고 엄격했던 잣대에 스르르 빗장이 풀리고 있었다. 나와 내 가족에 대한 기준을 내가 정해 놓은 잣대에 맞추어 왔다는 생각이 든다. 남편이 가고 난 뒤. 애비 없는 자식이라 혹여 손가락질받을까 봐 늘 말과 행동을 단속하였다. 그것은 내가 정한 원칙일 뿐이라는 생각이 든다.

우리 여학생 때는 규율이 엄했다. 등교할 때 교문에 들어서면서 선도 위원의 복장 검사를 받아야 했다. 교복은 폭넓은 검정 후레아 치마와 하얀 블라우스였다. 치마는 무릎 아래까지 내려와야 했다. 단발머리는 귀밑 1센티 이상 내려오면 안 되었다. 외출할 때도 반드시 교복을 입어야 했다. 그때도 일부 여학생들은, 하굣길에 치마허리 부분을 돌돌 말아 접어서 치마가 무릎 위까지 댕강 올라가게 입었다. 머리도 앞부분을 살짝 잘라서 이마에 애교머리가 내려오게 하고 멀쩡한 운동화는 뒷부분을 납작하게 접어서 신었다. 남녀 공학이라 아침에 등교할 때 남학생들은 교실 2,3층 창가에 모여 장난을 치다가 관심 있는 여학생이 보이면 우우하고 환호성을 질러댔다.

티브이에는 젊은이들의 화려한 화장과 머리 색깔도 노랑, 빨강, 보라색 등으로 개성을 드러낸다. 옷은 개인의 취향대로 배꼽을 내놓거나 쇠골을 드러내어 색시미를 뽐낸다. 춤사위의 유연한 몸놀림은 현란하다. 요즘은 끼 많은 아이가 환영을 받는다. 개성 시대인 만큼 자기표현도 똑소리 나게 당당하다. 젊다는 것 자체만으로도 에너지가 넘치고 예쁘다. 티브이에 나오는 아이돌 가수나 연예인들이 유행을 선도한다.

누구나 나름대로 머리 스타일이나 옷차림으로 자신을 꾸민다. 옷차림이나 말씨, 행동으로 그 사람의 이미지가 형성된다. 요즘은 외모도 경쟁력이란 말이 있다. 나이 들어 세월의 흔적이나 본바탕은 어쩔 수 없지만. 개성을 살려서 단정하고 정갈하게 자신을 가꾸는 사람이 좋게 보인다. 번쩍이는 금붙이로 과시하는 멋이 아닌, 꾸민 듯 안 꾸민 듯 우아한 귀티가 나는 사람이 한결 돋보인다. 자신의 단점까지도 멋스럽게 꾸밀 줄 아는 사람이 진정한 멋쟁이다.

제3부

귀촌

 전깃불을 끄고 자리에 누웠다. 돌담 밑 어디선가 찌르르 찌르르 들려오는 풀벌레들의 합창 소리에 가을밤이 깊어 간다. 밤하늘 총총한 별빛이 방안으로 쏟아져 들어온다. 푸른 달빛도 오렌지색 아침 해도 무시로 나의 침실을 들락거린다.

 땅바닥에 후드득 떨어지는 빗줄기에 훅 끼쳐오는 흙 비린내. 살짝 이맛살을 찌푸리며 심호흡으로 깊게 마셔 본다. 흙냄새 시골 냄새다. 담장 아래 노란 국화꽃 한 무더기 마음에 어둠을 밝히는 환한 등불이다. 귀촌한 첫해 겨울부터 코로나19가 퍼졌다. 시골에서 딱히 할 일도 없이 빈둥거리는 날이 많아졌다. 시간이 많으면 책을 많이 읽을 줄 알았다. 무한정 주어진 시간에 만사가 시큰둥해졌다.

 해가 중천에 떠오르도록 늘어지게 늦잠을 잤다. 게으름 피운다고 누가 뭐라는 사람도 없다. 살면서 이렇게 몸도 마음도 평온한 때가 있었든가 싶다. 아침과 점심을 겸해서 한 끼 때운다. 하고 싶은 것이 있으면 하면 되고, 안 하고 싶으면 안 해도 그뿐이다.

 무한한 자유의 시간이 무료해질 무렵, 칙칙한 겨울이 지나고 명주 고름 같은 봄 햇살이 고양이 발걸음으로 왔다. 몸도 마음도 노란 봄빛에 젖었다. 봄 내내 쑥 캐는 일이 하루 일과였다. 쑥이 지천으로 돋아난 매실나무 밭은 자잘한 별 모양의 하얗고 노란 풀꽃들이 함께했다. 쑥 캐는 등허리 마음까지 포근해지는 봄볕이 따사롭다. 산들바람에 연분홍 매화꽃이 모자에 어깨 위에도 사뿐히 내려앉는다. 이곳은 나만의 비밀 정원 같은 곳이다.

 저녁에는 TV를 시청하며 낮에 캐온 쑥의 티끌을 골라내는 작업을 했다. 세속에 상처 입은 티끌들을 샅샅이 골라내어 버리는 연습을 하였다. 여러 번 헹구어 건진 쑥을 떡 방앗간에 가져가서 쑥이 듬뿍 들어간 쫄깃하고 맛있는 쑥 인절미를 만들었다. 떡을 냉동실에 얼려 뒀다가 지인들에게 택배로 보냈다. 지인들은 도시에서 맛볼 수 없는 귀한 쑥인절미라고 무척 좋아했다.

 피고 지는 꽃들로 봄 한 철이 순식간에 지나갔다. 벚꽃 피고 지고, 강변에 노란 유채꽃 색깔이 옅어질 즈음, 이팝나무

위에 소복소복 눈부신 흰쌀밥을 얹는다. 빨강, 노랑, 황금빛 유혹의 장미 꽃길이 이어서 열린다. 낙동강 둔치에는 노란 금계국, 패랭이꽃이 바람에 출렁인다. 꽃구경하다 보면 어느새 짧은 봄날이 휙 지나갔다.

영남의 알프스라 불리는 가지산, 언양 석남사, 배내골, 청도 운문사 곱게 단풍 든 드라이브 길은 자연이 주는 최고의 선물이다. 밤송이가 쩍쩍 벌어져 알밤이 툭, 툭 떨어지면 친구들을 불러 알밤 줍기를 했다. 친정 고모네 뒷산에 돌볼 사람이 없어 방치해 둔 밤밭에서 토실토실한 알밤을 한 자루씩 주웠다. 감나무에 빨갛게 익은 홍시의 달콤한 맛에 손이 멈추지 않았다. 준비해 간 도시락까지 배불리 먹고 나면 세상 부러울 게 없었다.

혹자는 시골에 살면 무섭지 않으냐, 불편하지 않으냐 했지만 시골스러움이 취향에 잘 맞았다. 사시사철 한가한 날들이지만 늘 일거리를 만들었다. 된장 고추장을 담그고, 여러 가지 푸성귀 가꾸고, 마리골드 꽃차, 허브차, 국화차 등을 만들었다. 감말랭이, 무말랭이, 가지, 호박 등 남는 것은 말려 두었다가 택배 보낼 때 조금씩 나눴다. 주말이면 가족들이 다녀갔다. 김장할 때는 사위들까지 동참하여 갓 버무린 김치에 수육 먹는 즐거움을 빼놓을 수 없다. 내 집에 오는 지인들에게 직접 밥상을 차렸다. 직접 담근 집 된장으로 보글보글 끓인 찌개와 유기농으로 키운 호박잎, 상추, 깻잎, 쌈과 생야채 등으로 차리는 소박한 시골 밥상이다. 후식으로 가을에 말려 둔 감말랭이와 꽃차를 내놓는다.

이런 소소한 생활들이 내게는 큰 즐거움이었다. 그렇게 마음 부자로 귀촌 살이 3년이 지나고, 다시 부산으로 돌아왔다. 인정 많은 고향 친구가 있고 자연이 아름다운 그곳이 지금도 그립다.

그 녀석은 예뻤다

 빛깔이 참 예뻤다. 어느 날 마트 생선 코너 앞에 발걸음을 멈췄다. 나와 눈이 마주친 녀석은 촉촉하고 싱싱한 눈빛이다. 등은 푸른빛이 도는 청색에 배 쪽은 은백색이다. 언뜻 봐도 여느 생선과는 때깔 자체가 달라 보였다. 등 쪽에서 뱃살 쪽으로 색깔이 옅어지면서 함치르르한 은빛에 자꾸만 눈이 갔다.

 거추장스럽게 긴 꼬리를 가진 갈치, 시퍼런 몸통의 고등어나 뒤퉁스런 동태와는 사뭇 달랐다. 모양은 약간 길쭘하면서 살집이 도톰했다. 자태나 은은한 빛깔에서부터 귀티가 좌르르 흘렀다. 원산지를 보니 제주도 연근해에서 잡은 준치라 적혀 있었다. '썩어도 준치'란 말은 들어 봤어도 실물을 맞닥뜨린 것은 처음이다.

 얼마나 맛이 좋으면 그런 말이 생겼을까. 생긴 모습만으로도 이름값 할만했다. 일단 맛을 볼 요량으로 두 마리를 카터에 담았다. 어릴 적 시골에 살 때는 바다를 본 적이 없었다. 생선은 기껏해야 여름에는 소금에 절인 간 갈치와 겨울에 뜨끈한 무 동태찌개 정도였다. 조기는 값이 비싸 명절이나 제사 때라야 맛을 볼 수 있었다.

준치 비늘을 치고 씻어서 소금을 살짝 쳤다. 옅은 분홍빛이 도는 쫀쫀한 육질의 감촉이 손끝에 기분 좋게 느껴졌다. 맛은 얼마나 좋을지 기대에 부풀었다. 프라이팬에 식용유 두르고 열기가 오르도록 기다렸다가 손질해 둔 준치를 조심스레 팬에 올렸다. 불을 조절해 가며 타지 않도록 정성들여 구웠다. 난생 처음 맛보는 생선이라 격식을 차려서 예쁜 접시에 담아 상에 올렸다.

기대가 크면 실망도 컸다. 특별히 입맛 당기게 맛있다는 생각은 들지 않았다. 등뼈를 중심으로 잔가시가 많아도 너무 많다. 살을 발라 먹는데 많은 인내심을 필요로 했다. 다음날 한 마리 남은 것 마저 손질하여 매운탕을 끓였다. 국물 맛이라도 시원하면 위안 삼으려 했다. 또다시 실망스러웠다. 음식 솜씨가 문제였을까. 맛이 좋아 '진어'라고도 한다는, 썩어도 준치란 말에 납득이 안 갔다. 인터넷에 올라와 있는 준치 맛집을 찾아보았다. 전라도 어느 식당에서 먹은 회무침이 맛있었다는 후기가 올라와 있다. 기회가 오면 준치회를 먹어 봐야겠다. 기대에 못 미친 맛이 어이없게도 살빛은 왜 그리 고와서 현혹시키는지.

준치 몸속에 촘촘히 박힌 가시는 자신의 몸을 지키기 위함이었다. 전설에 의하면 처음부터 준치 몸속에 뼈가 많지 않았다. 인간들이 맛있는 준치 씨를 말릴 것 같았다. 용왕님이 다른 생선들에게 자신의 뼈 하나씩 뽑아 준치 몸속에 박아 넣게 했다고 한다.

외유내강이든 내유외강이든 사람도 자신을 지키기 위해 한쪽을 선택한다. 속이 여린 사람이 겉으로 강한 척하는 경우를 본다. 재미있는 것은 동물들 세계에서도 그렇다. 강아지는 자신보다 덩치 큰 개를 보면 잡아먹을 듯이 짖어 댄다. 무서우면 일단 크게 짖고 본다. 겁이 많아서이다. 그러다가 지겠다 싶으면 꼬리를 내리고 슬슬 기면서 주인 뒤로 숨는다. 정작 강하거나 점잖은 사람은 상황을 지켜 볼뿐 섣불리 나서지 않는다.

연륜이 쌓이면 지혜가 느는가 했다. 이래도 흥, 저래도 흥이다. 사사로운 시시비비는 마음으로 정리하고 만다. 사는 게 늘어진 고무줄 바지 마냥 헐거워도 마음 편한 것이 좋다. 마음 같으면 뭐라도 다 할 것 같다. 마음은 그대로인데 몸만 늙어 가는지 어제 낸 용기가 하룻밤 자고나면 생각이 달라진다. 게으른 몸이 마음을 데리고 집을 나선다. 준치 녀석 마냥 나도 열심히 걸어서 뼛속을 단단히 채워야겠다.

비싼 놈

 딸내미만 둘이 부산에서 따로 살때이다. 집이 휑하여 강아지 한 마리를 들여놓았다. 아이들은 강아지를 '맥콜'이라 불렀다. 맥주와 콜라의 앞머리 글자를 따서 지은 이름이다. 생후 2개월쯤 된 강아지는 크기가 어른 주먹만 했다. 검정색 몸통에 정수리 부분은 갈색이 섞여 있었다. 비로드처럼 윤기가 자르르한 했다. 귀는 쫑긋하고, 잘 익은 머루 알 같은 똘망똘망한 눈망울이 귀염성 있어 보였다.

 내가 가끔 오는 날이면 맥콜은 주방이고 거실이고 내 발뒤꿈치를 졸졸 따라다녔다. 언젠가 한 번은 뒷걸음치다가 하마터면 내 발에 밟힐 뻔해서 가슴을 쓸어내릴 때도 있었다. '맥콜이' 하고 부르면 제 이름인 줄 아는지 꽃잎 같은 분홍빛 혀를 내밀고 쪼르르 달려왔다. 엄지손톱만 한 혓바닥이 날름거릴 때는 분홍빛 장미 꽃잎을 연상하였다. 무릎 위에 앙증스럽게 앉아 내손가락을 살짝살짝 깨물기도 하고 개구지게 놀았다. 식구 중 누가 세면장엘 들어가거나 외출을 할 때면 문 옆에 쪼그리고 앉아 한참씩 기다리는 모습이 기특했다.

조그만 하던 강아지가 체중 3킬로그램의 성견으로 자랐을 때였다. 유난히 식탐이 많던 맥콜이가 사료를 마다하고 물만 겨우 혀로 핥아먹었다. 밤부터는 토하기 시작했다. 사람 마냥 짐승도 속을 비워내고 나면 괜찮아지겠거니 생각했다. 다음 날도 먹는 것에 통 관심이 없었다. 불러도 누운 채 꼬리만 두어 번 흔들 뿐이었다. 하는 수 없이 동물 병원에 데리고 가서 X레이를 찍고 초음파 검사를 했다. 장에 과일 씨앗 같은 것이 박혀 있었다. 2~3일 입원해서 경과를 지켜봐야 한다고 했다. 이틀 뒤 동물 병원에서 전화가 왔다. 내일 수술을 해야 할 것 같다기에 알겠다고 하고 전화를 끊었다. 우리는 맥콜이도 걱정이지만 의료 보험 적용이 안 되는 맥콜이의 병원비를 걱정해야 했다. 다음 날 오전 10시쯤 동물 병원에서 다시 전화가 왔다. 수술 안 해도 되겠다고 했다. 우리는 너무 좋아서 아니, 괜찮아요? 물었더니 아침에 변으로 빠져나왔단다. 그렇게 해서 수술은 면했지만 3박 4일간의 입원비가 75만 원이 나왔다.

몇 년 후 주택으로 이사했다. 군에 간 아들도 제대하고 나도 직장 따라 간 서울 생활을 접고 가족이 한집에 다 모였다. 집이 좁아 식탁을 두지 않고 방바닥에서 밥상을 놓고 밥을 먹었다. 맥콜은 잠시라도 사람이 안 보이면 밥상 위를 습격하곤 했다. 한 번은 제사 음식을 만드느라 재료들을 큰 쟁반에 놔두고 잠시 자리를 비운 사이 게맛살을 절반이나 먹어 치웠다. 그렇게 짓궂게 굴더니 또 뭘 잘못 먹었는지 비실비실했다. 맥콜은 다시 병원 신세를 지게 되었다. 앞다리에 링거 주사바늘을 꽂고 붕대로 친친 동여맨 모습으로 딸의 팔에 안겨 있는 사진이 가족 단체 카톡방에 올라왔다. 똘망똘망하던 맥콜의 눈망울은 세상 슬픔을 혼자 다 안은 표정이다. 연기파 배우해도 되겠다. 그러다가도 적수다 싶은 다른 개가 나타나면 병원이 떠나가라 카랑카랑 짖어 댄단다.

 이번에는 배를 10센티미터 가량 가르고 창자에 박힌 물체를 꺼내야 하는 대수술을 했다. 병원비가 무려 145만 원이 나왔다. 우리 식구들은 모두 '이게 무슨 일이고 ….' 기막혀 했다. 이번에는 나도 병원비 책임 못 진다고 했다. 아이들끼리 병원비를 분담하고 둘째딸은 직장 일 마치고 주말 아르바이트를 해서 맥콜이의 병원비를 마련하였다. 아들이, 개 주제에 니 몸값이 얼만지 아나? 하고 소리치면, 저 혼내는 줄 아는지 잽싸게 머리만 내 겨드랑이 사이로 들이밀고 커다란 몸

뚱이는 다 드러내 놓는다. 아이고, 니 낯짝만 안 보이면 괜찮다고 생각하나. 이 멍충아. 그 몸뚱어리는 어쩔 건데? 말썽꾸러기 맥콜이다. 추우면 전기장판 위나 개켜 놓은 이불 사이에 쏙 들어가 불러도 꼼작 않다가. 비닐봉지 부스럭거리는 소리나 우리가 뭘 먹는다 싶으면 잽싸게 튀어나와 턱밑에 바투 앉아 애절한 눈빛을 보낸다. 모른척하면 앞발로 사람 팔을 끌어당긴다. 그래도 외면하면 캉캉 짖어서 자신의 존재를 확인시킨다.

 맥콜은 우리 집에 온 지 열여섯 해다. 딸이 결혼하면서 맥콜이도 딸네 집으로 갔다. 유정물은 눈빛이나 살가운 몸짓으로 사람의 마음을 완전 무장해제시킨다. 평소 때는 사람에게 달라붙어 갖은 아양을 떤다. 어쩌다가 딸 부부의 목소리가 커지고 말다툼으로 분위기가 냉랭하다 싶으면, 맥콜은 조용히 꼬리를 내리고 한쪽 구석으로 가서 사태가 진정되기를 기다린단다.

 맥콜은 병원비와 그동안 물어뜯은 이불값, 사료값 등으로 몸값이 솔찬히 올랐다. 맥콜이 너, 몸값 제대로 하려면 오래도록 건강하게 재롱도 많이 부리고 예쁜 짓 많이 해야 해.

중독

 희붐하게 창이 밝아온다. 꼬박 이틀에 걸쳐 모자 하나를 완성했다. 새벽에서야 이불을 덮고 자리에 누웠다. 지난겨울 원래 계획은 미루어 뒀던 책 읽기였다. 추운 날씨에 방에서 책이나 읽어야지 생각했다.

 어쩌다가 유튜브에 올라 온 털실 모자에 눈길이 꽂혔다. 몇 해 전 코바늘로 짠 모자를 지인으로부터 선물받은 적이 있다. 솜씨 좋은 사람을 보면 마음속으로 무척 부러웠다. 돈만 주면 살 수 있는 명품보다 손으로 직접 만든 것에 유난히 애착이 간다. 명품이란 것은 내게 무척 부담스러운 물건이다. 나 자체보다 명품이 돋보이는 것이 싫고 명품보다 나으려면 깜냥을 잘 알고 있기 때문이다. 동영상을 보면서 세상에 하나밖에 없는 핸드메이드 나만의 모자 뜨기에 도전해 봐야겠다고 생각했다.

무늬가 들어가지 않는 쉬운 것부터 시작했다. 동영상을 따라 해도 설명처럼 쉽지 않았다. 밤새워 애써 짜 놓은 것이 나중에 보면 코 하나를 빠뜨렸거나, 크기가 크거나 작은 경우가 생겼다. 털실 올이 날깃날깃 해지도록 풀었다 다시 뜨기를 거듭한 끝에 겨우 모자 하나를 완성했다. 처음 글을 익힌 아이가 괴발개발 글씨를 적어도 귀엽듯이, 조물딱 그려서 완성한 생애 첫 작품이다. 고르지 못한 올이 오돌토돌한 어설픈 솜씨를 여실히 드러내지만 내게는 애정 어린 물건이다.

한 코 한 코 마음 집중하기에 이만한 것이 또 있을까 싶다. 유튜버 방송에 올라온 북 튜버나 다양한 소재들이 많아 귀로 들으면서 손으로 뜨개질하였다. 동시에 두 가지를 할 수 있어 꽤 효율적인 시간 보내기라는 합리화를 하면서, 낮이고 밤이고 뜨개질에 빠져 지냈다. 마트 갈 때, 외출할 때, 여행 갈 때도 뜨개실로 짠 모자를 쓰고 다녔다. 직접 만든 거냐고 부러워하며 가끔 묻는 사람이 있다. 전에 내가 그랬듯이.

뜨개질에 도취해 밥 먹을 시간도 놓치기 일쑤였다. 밤낮으로 날마다 앉아서 뜨개질하였다. 허리가 아프고 목이 아파도 멈추지 않았다. 도박 중독자는 누웠어도 천장에 화투판이 빙글빙글 돌아간다는 말이 있다. 마무리 짓지 않고 자리에 누우면 뜨개질 거리가 눈앞에 아른거렸다. 자다가도 벌떡 일어나

완성해야 했다.

　뜨개질에 한참 열중하다가 문득 익숙한 장면이 스쳤다. 내 어머니의 모습이다. 겨울철 농한기 때 어머니 손에는 늘 대바늘에 털실로 뭔가를 만들고 있었다. 아버지의 털 조끼나 나의 털 스웨터도 한 땀 한 땀 대바늘로 뜬 따스한 어머니의 마음이었다. 어머니는 재봉틀을 많이 애용했다. 간단한 옷을 만들어 내게 입혔고, 밥상보나 베갯잇, 치마나, 적삼 등을 만들었다. 시장에서 사 온 옷이 크면 줄이고, 작아진 옷은 천을 덧대어 몸에 맞게 만들었다. 진즉에 나도 재봉틀 다루는 솜씨를 좀 익혀 뒀더라면 하는 아쉬움이 남는다.

　썩 좋은 솜씨는 아니지만, 뜨게 모자는 딸들에게도 주고 친구한테도 선물로 줬다. 그림 그리기든 음식 만들기든 손으로 직접 하는 것을 좋아한다. 정성이 들어간 물건이라 정감이 가고 간단하게 선물하기에 좋다. 받는 사람이 좋아하면 주는 사람 마음도 뿌듯하다.

　지인 중에 손재주 좋은 형님이 계신다. 목걸이, 반지, 브로치 등 액세서리를 직접 만들고 조립한 것을 모임 때 가지고 와서 나누어 주신다. 여성의 심리란, 다섯 손가락 중 맞는 손가락에 반지를 끼고 쫙 펼친 손가락을 살랑살랑 흔들어 보인다. 나머지 사람들도 목걸이며 브로치를 달고 서로 봐준다.

누가 제일 잘 어울린다는 둥 얼굴에는 기분 좋은 웃음이 가시질 않는다. 정감 있는 나눔의 즐거움이다. 올겨울 즐거운 마음으로 나는 또 다시 뜨개질에 중독될 것이다.

제3부

촘촘히 깁은 그물망

지금은 디지털 시대를 지나 AI 시대다. 구식 세대 사람은 시대의 흐름에 따르기가 버겁다. AI가 인간의 뇌까지 지배하는 현대에 살면서, 정신이 퇴화하는 것인지 옛날로 회귀하는 중인지 모르겠다. 시대를 거꾸로 거스르고 싶다는 생각이 드는 것은 나만의 착각일까. 천지가 개벽하듯 세상은 바뀌고 있다. 앞으로 또 얼마나 달라질까. 반세기 전만 해도 이런 시대가 올 것이라 상상도 못했다.

이제 집 전화는 쓸 일이 없어지고, 손 전화가 필수 불가결한 물건이다. 아침에 눈뜨면서부터 저녁 잠자리들 때까지 생명줄이라도 되듯 몸에서 떨어지지 않는다. 하루에도 수없이 폰을 열어 본다. 안 본 사이 누가 내게 카톡 문자 보냈을까. 읽어 봐야 할 공지 사항 놓쳤나 마음이 쓰인다. 매일 안부 문자 보내오는 것이 귀찮다가도 안 오면 무슨 일이 생겼나 궁금하고 서운한 것이 사람 마음이다.

편리한 만큼 부작용이 따른다. 평소엔 진동모드로 해 놓는다. 스팸 문자가 시도 때도 없이 날아들고, 보이스 피싱은 날이 갈수록 수법이 교묘하여 매욱하지 않은 지식인도 말려든다. 내 주위에서도 있었다. 멀쩡한 사람이 기천만 원 보이스 피싱을 어이없이 당하고. 가족으로부터 문제의 인물이라고 한다. 전화번호는 어찌 알고 광고 문자가 허락도 없이 불쑥불쑥 들어온다. 알지도 못하는 앱이 깔리고 통화료에서 자동 출금되는가 하면. 뭘 좀 할라치면 개인 정보에 동의하라 하고 인증하라 하고 몇 번을 시도해도 어렵고 은근히 부아가 치민다. 그렇다고 손전화기를 안 쓸 수도 없는 노릇이다. 지갑을 겸한 손전화기 안에는 신용카드, 신분증, 현금 등 가족사진이며. 개인 정보가 들어 있다. 잠시만 없어도 큰일이 난 것처럼 가슴이 쿵 내려앉는다.

어쩌면 앞으로 시인이 사라질지 모를 일이다. 쳇 gpt가 시어(詩語)에 가장 적합한 어휘를 찾아 줄 테니 말이다. 요즘은 초등교 아이 숙제도 엄마가 gpt찾아서 하고, 취준생 자소서도 gpt에 의뢰하면 기가 막히게 써 준다고 한다. 지하철 안에서 사람들은 스마트폰에 얼굴을 박고 있다. 사람과 소통하는 시간보다 스마트폰과 함께하는 시간이 더 많다. 노인들은 현

시대에 적응하지 못하면 달팽이처럼 외롭고 사회로부터 고립될 것이다.

얼마 전 친구와 밥 먹으러 식당에 갔다. 음식 주문하려고 하니 주인이 식탁에 설치된 태블릿 전자 메뉴판으로 하라고 한다. 버벅거리며 메뉴 주문과 메뉴 바꾸기, 추가 주문을 겨우 했다. 말 안 통하는 기계와 씨름하려니, 내가 글 쓸 때 아직도 독수리 검법 쓰듯이 갑갑했다. 음식점이나 카페에 메뉴 주문은 태블릿 전자 메뉴판으로 하고, 주문한 음식은 로봇이 알아서 자리에 찾아온다. AI에게 일자리 내어 주고 나면 앞으로 인간들은 뭘 하고 살까. AI가 일하는 세상이 도래했다.

거리 곳곳 건물마다 CCTV카메라를 설치하여 촘촘한 감시망 속에 산다. 누가 나의 일거수일투족을 환히 꿰뚫고 있다고 생각하면 섬뜩하다. 스릴러 영화처럼 자신도 모르는 음모에 휘말려 어떤 통제 속에 있을 수도 있겠다는 생각이 든다.

보이지 않는 거대한 그물망 속에 늘 감시를 받고 사는지 모르겠다. 제러미 벤담이 고안했다는 팬옵티콘(원형 감옥)이 일상생활 속으로 들어왔다. 우리 사회 곳곳에 감시의 눈이 손바닥 손금처럼 환히 꿰뚫는다. 주민 등록이 전자 체제에 종속되는 순간 나의 신상 정보는 고스란히 법적 공유의 대상이다.

자신이 항상 감시당하고 있음을 자각하도록 하는 것이 팬옵

티콘의 특징이다. 감시와 보호 기능을 동시에 하는 그물망이다. 새들이 나는 창공에는 그물이 없다. 인간이 늘 꿈꾸는 것도 무한한 자유이다.

킬리만자로에서

 티브이 채널을 돌리다가 눈길이 멎었다. 모 방송국 예능 프로그램에 청춘스타 여자 연예인 3명과 남자 1명으로 구성된 킬리만자로 5,895m 등반 과정을 방영했다. 문득 잊고 있던 추억하나가 떠올랐다. 7년 전 동기생 16명이 동아프리카 4개국 13일간의 역사 탐방 프로그램에 참여하였다.

 여러 가지 일정 중 킬리만자로 제1산장 만다라까지 가는 등반 체험이 있었다. 아프리카로 떠나기 전 한 달 동안 체력 단련을 위해 헬스장 다니고 등산도 하였다. 킬리만자로 등산 입구까지는(1,920m) 미니버스로 이동했다. 마랑구 게이트에서 입산 신고를 하고 일행 16명과 젊은 포터 아프리카 청년 4명이 안전을 위해 동행했다.

 만다라 산장까지 다녀오는데 소요 시간은 5~6시간이다. 열대 우림의 원시림은 고온 다습한 기후 탓인지 나뭇가지들은 온통 푸른 이끼로 덮였다. 등산로는 흙과 돌멩이가 발부리에 차이는 시골길 같이 좁은 자드락 숲길로 시작하였다. 우거진 숲 사이로 계곡물 흐르는 소리가 귓가에 찰랑거렸다. 작은 산새들이 부리와 꽁지를 욜랑거리며 나뭇가지 위에 앉아 포롱포롱 날거나 폴짝거리는 사소한 몸짓이 앙증스럽다. 영혼을 울리는 맑고 영롱한 지저귐 소리, 숲이 수런거리는 소리, 청정한 자연의 소리에 나도 자연의 일부가 된 듯 스며들었다.

한참 동안 산을 오르니 배가 쉬이 꺼졌다. 배에서 꼬르륵 배꼽시계가 울린다. 간이 휴게소에 모여서 각자 배당된 물과 도시락으로 점심을 먹고 쉬었다가 다시 출발하였다. 만다라 산장까지 무사히 잘 도착하고 단체 기념사진을 찍었다. 아프리카 대학생들이 단체로 등산을 왔는지 20여 명이 자유롭게 서서 노래를 불렀다. 그 나라 민요 같은 것인지 멜로디가 단조롭고 경쾌했다. 우리나라의 아리랑 같다는 생각이 들었다. 우리도 같이 둘러서서 어울려 손뼉치고 어깨를 들썩이며 한바탕 흥겹게 놀았다. 노래와 춤은 국적을 불문하고 금방 친근감이 들게 하였다. 청년들과 헤어져 3시 30분쯤에 하산했다.

내려오는 길은 훨씬 수월했다. 앞서 거니 뒤서 거니 하면서 여유롭게 걸었다. 내려가다가 중간에 쉬었다 다시 얼마쯤 걷고 있는 중이었다. 누군가가 옆으로 홱 지나치면서 5시까지

도착하려면 빨리 서둘러야 한다고 했다. 우리는 갑자기 마음이 급해졌다. 여유 부리다가 너무 많이 쉬어 버렸나 싶었다. 내 주위에는 남자 동기생 한 명과 여자 세 명이다. 우리는 뛰다시피 산을 내려갔다. 한참을 내려가도 함께 온 우리 일행은 보이지 않았다. 유럽인 등산객과 머리 위까지 올라 온 큰 짐을 짊어진 흑인 포터가 만다라 베이스캠프를 향해 올라오는 등산객 두엇뿐이다.

해는 서산으로 기울고 있었다. 기온이 내려 바람막이 점프를 꺼내 입었다. 야생 동물이 나올 수 있다고 했는데. 깜깜한 밤이 되면 어떡하지. 안전을 위해 함께 출발했던 4명의 아프리카 청년은 다 어디로 간 것인지. 두 갈래 길이 나타날 때는 어느 쪽으로 가야 할지 난감했다. 기억을 더듬어 이상하게 뻗은 나뭇가지나 바위, 길이 굽은 모양 등 작은 흔적이라도 긁어모아 길을 선택해야 했다.

올라갈 때는 오르막이라 앞만 보고 걸었던 탓에 길눈이 어두웠다. 어쩌다가 우리 4명만 낙동강 오리알이 되었는지. 스마트폰이 안 터져서 누구에게 연락을 취해 볼 수도 없었다. 야~호 외쳐 봐도 응답이 없다. 몇 번의 갈래 길을 지났다. 내려가고 있는 길이 맞기는 한 것인지 확신도 없는데 또 갈림길이 나왔다.

길 안내 영문 표지판에는 양쪽 방향으로 화살표와 km가 표시되어 있었다. 아마도 지역 이름 같은데 어느 방향으로 가야 할지 몰랐다. 거리가 짧은 쪽으로 내려가야 조금이라도 빨리 마을에 닿을 수 있을 것 같았다. 빠른 길 쪽으로 나있는 돌계단 아래에서 잠시 쉬기로 했다. 급한 마음에 뛰어 내려오느라 숨이 목에까지 찼다. 우리는 깊은 고민에 빠졌고 마음이 복잡해졌다.

아프리카로 여행 간다고 했을 때, 친구들이 하필이면 그 위험한데를 왜 가려 하느냐고 했던 말이 떠올랐다. 어떤 이는 만약을 위해 유서를 써 놓고 가라고 했다. 정말 유서를 써 놓고 왔어야 했나 싶은 생각이 들었다. 어두워지기 전에 움직여야 했다. 땀 식히느라 벗어 둔 점퍼를 걸치고 배낭을 멨다.

선배는 마지막으로 손나팔을 하고 큰소리로 야~호, 어~이 외쳤다. 그때였다. 기적같이 잠시 후 가까운 거리에서 야~호 응답이 왔다. 우리는 반가운 마음에 후다닥 단숨에 계단을 뛰어 올랐다. 그제야 일행들이 줄줄이 내려오고 있었다. 하산시간 18시까지 인 것을 누가 17시까지라고 잘못 전달했던 것이다. 마지막 갈림길에서 우리가 가려 했던 길은 목적지와 반대 방향이었다.

백 세 시대 축복인가 재앙인가

 동네 뒷산을 오른다. 등산길 양옆으로 보라색 제비꽃 하얗고 노란 풀꽃들이 봄꽃들 대열에 합세한다. 나무들도 제 몫의 숲을 키운다. 걷고 있는 앞 저만치에 참새 몇 마리 연신 땅바닥을 콕콕 쪼아댄다. 반들반들한 까만 눈이 민첩하게 먹이를 찾아 고개를 갸웃거린다. 나뭇가지 위에 새들도 포롱포롱 나무를 오가며 새봄맞이 채비에 바쁘다. 우듬지에 내린 연노랑 햇살 한 줌에 온몸이 간질간질해진 나무껍질 속. 연둣빛 새순이 새끼손가락 끝마디만큼 빼꼼 내민 얼굴이 사랑스럽다.

 하루가 다르게 번져가는 푸른빛에 내 마음 한 자락 슬쩍 얹어본다. 마음만은 나도 푸르고 싶다. 산 중턱 하늘로 뻗쳐오른 굴참나무들이 띄엄띄엄 서 있는 둘레 길을 자박자박 걷는다. 굴참나무 나뭇잎 사이사이로 성글은 햇살이 어른거린다. 호젓한 숲길 눈과 귀를 열어 바람결에 사운거리는 숲의 숨소리를 듣는다. 동백나무에 앉은 산 까치 한 마리 내 발걸음 소리에 놀라 날개깃을 활짝 펴고 날아갔다.

걷는데 이렇게 열심인 것은 나름의 이유가 있다. 지난겨울 춥다고 운동도 안 하고 따뜻한 방안에서 입맛 당기는 대로 먹었다. 많이 먹어도 헛헛한 느낌 때문에 식탐을 주체하기 어려웠다. 다시 마음을 다졌다. 3월부터는 일만 보 중 절반은 맨발로 흙길 걷기를 시작했다. 비오는 날 토닥토닥 우산 위에 떨어지는 빗방울 소리에 닫혀있던 감성이 깨어난다. 여름에는 해가 뉘엿뉘엿 서산에 기울고 더운 열기가 가실 즈음 운동화를 꾀 신고 집을 나선다. 인근 초등학교 운동장 모래흙이나 잔디 위를 걷는다. 사그락 사그락 발바닥에 닿는 잔디의 촉감을 느끼며 이어폰을 끼고 유튜브에 올라온 강의를 듣는다. 맨발걷기 5개월째다. 몸이 가벼워지고 여러 가지 안 좋았던 증상들이 좋아졌다.

내 몸 하나만이라도 가족에게 민폐 끼치지 않아야겠다는 생각이다. 아픈 것은 참을 수 없는 고통이다. 언젠가 비가 조금씩 오는 날이었다. 야외에서 생선회 도시락을 먹었다. 그날 밤 긴 시간 동안 배를 움켜쥐고 떼굴떼굴 굴러야 했다. 죽을 것 같은 고통 이외는 아무것도 인지할 수가 없었다. 계속 이렇게 아파야 한다면 살 수 없을 것 같았다. 건강을 잃은 사람의 인간 존엄성이 나락으로 떨어지는 삶의 모습을 옆에서 지켜봐 왔다. 호되게 아파본 후, 생의 끝이 언제인지 알 수 없지만 사는 날까지는 건강을 지켜야겠다는 각오를 다졌다.

몸에 좋다는 수많은 영양제와 건강식품들이 홈쇼핑, 유튜버, SNS에 넘쳐난다. 검증되지 않은 건강 제품들을 그럴듯하게 광고 한다. 먹기만 하면 즉각 효험이 확실할 것 같다. 주름 없애주고 뽀얀 도자기 피부로 만들어 준다는 기능성 화장품이 쌔고 쌨다. 과대광고인 줄 알면서도 유혹을 떨쳐내기 어렵다. 값비싼 다이어트 제품들은 늘 희망 고문을 한다. 검증되지 않은 식품이나 약을 많이 먹는 것보다 몸에 안 좋은 습관 줄이고 적게 먹고 운동하는 것이 건강하게 사는 길이라 한다.

백 세 시대에 재수 없으면 백 이십 살까지 산다는 말이 있다. 유병 장수라면 삶이 무슨 의미가 있겠는가. 내 주위에 무릎 관절이 안 좋아 인공 관절 수술한 사람이 여럿 있다. 수술비도 상당하지만 고통스러움이 이루 말할 수 없이 아프다고 한다. 아는 형님은 재수술 받고 일주일 동안 마취에서 깨어나지 못했다. 자식이 의사여도 어찌할 수 없었다. 가족들이 장례 준비까지 했다고 한다.

숨탄것 모든 생명체의 한 생은 허투루 사는 삶이 없다. 초하의 연둣빛 싱그러움이 눈부시게 아름다운 날이다.

한계암 가는 길

 20여 명이 소형 버스 한 대로 출발하였다. 암자나 사찰 근처에 있는 석탑 등을 탐방하는 모임이다. 밀양 표충사 뒤에 있는 한계암을 찾았다. 두세 명씩 짝을 지어 걸으면서 담소를 나누기도 하고, 각자의 사유에 젖어 자박자박 계곡 길을 걸었다.

 초여름 계곡물은 면경 알 같다. 물 위에 비춰진 내 얼굴은 물결에 흔들리고 바닥에 앉은 돌멩이는 물 아래 선명하다. 물 웅덩이 속 잔챙이 오글거리는 물고기 떼, 산들바람에 팔랑이는 나뭇잎 사이로 얼핏얼핏 은빛 햇살 한 모숨이 얼굴을 간질인다. '뻐꾹, 뻐꾹' 처량한 뻐꾹새 울음 사이사이 검은 등 뻐꾸기의 '호, 홋, 호, 호~잇' 명랑한 노랫소리는 맑은 하늘 위로 퍼진다. 초록 초록한 나뭇잎, 찰랑거리는 계곡물, 새들의 지저귐, 초봄의 여린 햇살 이 모든 것이 은혜롭기만 하다.

길이 좁아졌다. 한 사람씩 걸어야 하는 자드락길이다. 바닥이 언틀먼틀하여 돌부리에 채이거나 나무뿌리 그루터기에 걸려 넘어지게 생겼다. 한눈팔다 허방을 딛는다면 계곡으로 구를 수도 있겠다. 예전에 시부모님을 모시고 산소에 갔을 때였다. 풀이 듬쑥하게 우거진 비포장 산길이었다. 산모롱이에서 기어를 변속하는 순간 차가 울컥하면서 핸들이 풀렸다. 하마터면 낭떠러지로 굴러떨어질 뻔하였다. 그때를 생각하면 지금도 온몸에 소름이 돋는다.

가파른 길을 뒤처질까 용을 썼더니 등에 촉촉이 땀이 배었다. '이제 다 왔습니다.'라는 대장의 말에 고개를 들었다. 계곡을 가로지른 공중 다리 뒤로 하얗게 물방울을 튕기며 흘러내리는 폭포가 보였다. 우리는 다리 중간에 서서 폭포를 배경으로 포즈를 취하고 사진을 찍었다.

다리를 건너니 숲에 둘러싸인 작은 암자가 나왔다. 제일 먼저 발 닿는 곳이 작은 마당과 바깥 수돗가이다. 60대 후반으로 보이는 보살이 우리 일행을 반갑게 맞는다. 보살 뒤로 눈길이 머문 곳은 옛날식 정지이다. 검게 그을린 아궁이에는 검정 무쇠솥 하나와 양은솥이 나란히 걸려 있다. 요즘도 나무를 때서 밥짓는 아궁이가 반갑기도 하고 한편 생경스러웠다. 전기가 안 들어오는 곳이다. 정지를 지나 돌아가니 방이 나온다. 가운데 미닫이가 있는 방은 두 개를 합쳐도 대여섯 평이 될까 말까 한다.

  부처님을 모신 법당은 맨 끝 쪽에 작은 전각 하나 따로 조용히 자리 잡았다. 부처님 딱 한 분만 모신 작은 법당이 마음에 속 들었다. 부처님을 독대하고 심연 깊숙이 눌러뒀던 넋두리들을 풀어 놓고 싶어진다. 부처님은 네 마음 다 안다는 듯 염화시중의 온화한 미소를 지으신다. 법당에서 내다본 풍경은 초하의 고요한 햇살이 온통 연둣빛이다. 이런데서 한 달쯤 살고 싶다.

  미닫이문을 터서 방을 하나로 만들었다. 촛불을 밝히고 스무 명이 어깨를 나란히 하고 촘촘히 한자리에 앉아 밥을 먹었다. 된장찌개와 고소한 참기름 냄새가 진동하는 곰취, 고사리, 도라지, 부지깽이나물, 짱아지 등 반찬들이 짜지도 싱겁지도 않고 간이 잘 맞았다. 나물은 향이 진하거나 어느 한 가지 도드라진 맛이 아니라 담담하면서 순순한 맛이 서로 어울렸다. 몸이 편안하게 받아들이는 밥이었다. '맛있다'는 말 외는 어떤 형용사도 필요치 않았다. 밥숟가락 질은 분주했다. 오직 먹는 일에만 집중했다. 순식간에 반찬 접시는 비워졌고 밥솥 바닥까지 싹싹 긁었다.

  방을 나와 보니 축담에 벗어 놓은 신발 40짝이 올망졸망하다. 그 모습이 흥부네 식구들처럼 어찌나 정다워 보이던지. 회원 중 한 사람이 예전에 이 암자에서 공부한 인연으로 손맛 좋은 보살에게 식사를 부탁하였다. 덕분에 밥 다운 밥을 먹은 기분이 든다.

제4부

감자꽃

 강원도는 산이 많고 밭이 많다. 달리는 버스 차창으로 6월의 신록이 흐른다. 가도 가도 병풍처럼 둘러싸인 산들의 행진이다. 뱀 꼬리 같은 하얀 아스팔트길은 지루했다. 졸다 말다를 거듭했다. 가끔 내다본 창밖은 북쪽으로 갈수록 풍경이 단조롭다. 함백산 지나 산모롱이를 돌고 돌아 보이는 것은 산과 하늘뿐이다.

 강원도 산비탈 널따란 밭에는 하얀 감자꽃이 피었다. 오랜만에 보는 감자꽃이다. 깊은 산골에는 감자 꽃마저 외로워 보였다. 꽃이라 해서 누가 관심 가져 주는 이 하나 없다. 죄다 푸른 곳이니 여기는 밤도 푸른색일까. 하얀 감자꽃 위로 푸른 밤 외로운 별들이 모락모락 내려앉았다. 척박한 땅에 삼 줄 같은 탯줄 내리고, 살그래 품은 올망조망 예쁜 새끼들 포슬포슬하게 속살을 채웠다.

이맘때쯤 들판에는 누런 보리가 너울 파도로 출렁거릴 때다. 보리타작할 시기이다. 내가 여남은 살 때즈음. 우리 집에 보리타작하는 날. 산더미처럼 쌓인 보릿단을 아버지는 앞소리로 '에헤야' 선창하면서 두손에 모아쥔 도리깨로 낟가리를 헤쳤다. 보릿단 한 무더기 일꾼들 앞으로 쓰윽 밀루어 주면. 일꾼들은 앞소리를 받아 '에헤야' 하고 뒷소리로 후렴을 붙였다. 바닥에 깔린 보리 이삭은 도리깨질에 알맹이가 투두둑 떨어져 타작마당에 수북이 쌓였다. '에헤야' '에헤야' '에헤야 때리라' '요게도 이삭' '저게도 이삭' '잘도 때린다' 장단 맞춘 도리깨질 떼창에 타작마당이 떠들썩했다. 뜨거운 태양 아래 도리깨질하는 장정들의 얼굴엔 굵은 땀방울이 뚝뚝 떨어졌고. 햇볕에 그을린 팔뚝이 구릿빛으로 반질거렸다.

시골집 텃밭에 보라색 꽃이 피는 자주색 감자가 있었다. 그 옆에는 완두콩이 노르스름하게 익어 갔다. 어머니는 내게 잘 익은 완두콩을 따서 꼬투리를 까라고 했다. 꼬투리를 잡고 손으로 비틀면 옥구슬 같은 연두색 콩이 또르르 굴러 나왔다. 무쇠솥 아궁이에 벌건 잉걸불이 사그라들고 커다란 솥뚜껑이 푸르르 김을 뱉었다. 밥솥에 뜸이 들 때 구수한 밥 냄새가 퍼졌다. 숨을 길게 들이마시고 구수한 밥 냄새를 끌어모았다. 밥 냄새가 좋았다.

어머니는 커다란 나무 주걱으로 휘적휘적 밥을 뒤적여 큰 양푼이 몇 개에 나누어 담았다. 완두콩이 듬성듬성 들어간 윤기 좌르르한 하얀 찰밥은 도리깨침을 삼키게 했다. 예전에 할머니가 했던 말이 생각난다. 머리가 어질어질한 춘궁기에는 찰밥으로 골을 메워야 한다고 했다. 일꾼들 밥에 찹쌀을 넣어 밥을 지었다. 우리 형제도 이날은 보리쌀이 덜 들어간 밥을 먹었다. 어머니는 반찬에도 평소보다 신경을 많이 썼다. 커다란 들밥 광주리 머리에 인 어머니 따라 나는 막걸리가 든 커다란 주전자를 이쪽저쪽 여러 번 팔을 바꿔 가며 갔던 기억이 난다. 어머니가 직접 누룩을 빚어 만든 걸쭉한 막걸리는 일꾼들에게 더없이 반가운 것이었다.

힘든 일을 하면 배도 빨리 꺼진다. 점심 먹은 배가 허전할 때쯤 새참을 내간다. 길쑴길쑴한 자주색 감자를 대소쿠리 한 가득 삶았다. 신화당과 소금을 넣어 쪄낸 감자는 껍질이 탁탁 갈라지고 속살이 팍신팍신했다. 막 쪄낸 감자와 막걸리를 새참 시간에 맞추어 내어 갔다. 일꾼들은 황새목을 하고 기다렸을 것이다. 목이 바싹바싹 마르는 더운 날에 막걸리 한 사발 쭉 들이켜고, 잎담배도 느긋하게 한 대 말아 피울 수 있는 휴식 시간이다.

고릿적 우리의 조상은 찐 감자 몇 알로 적빈의 허기를 달래는 날도 있었을 것이다. 아무도 관심 갖지 않는 감자꽃이다. 내가 맨발 걷기 하는 초등학교 운동장 한쪽 귀퉁이. 아이들 학습용 작은 텃밭이 있다. 어느 날 눈에 들어온 하얀 감자꽃. 고깔 모양의 조그마한 꽃. 샛노란 꽃술이 수줍은 듯 고깔 속에 살짝 감추어져 있다. 감자꽃 닮은 작은 여자를 보면 왠지 애틋해진다.

제자리에

해거름에 강변 산책을 나섰다. 황금빛 노을이 뭉게구름 사이로 찬란한 부챗살을 펼친다. 짙어진 강물 위로 날렵한 포물선을 그리며 물고기들이 팔짝팔짝 뛰어오른다. 강둑 아래 산책길을 따라 걷는다. 강을 스쳐 오는 오월의 명주바람이 부드럽게 목을 감싸듯 감미롭다. 사방이 산이고 강이고 풀꽃이다.

어디서나 같은 하늘이건만 시골에서 올려다보는 하늘은 마음이 참 평온하다. 시골에 꼭 한번 살아 보고 싶었다. 흙을 만지고, 꽃을 가꾸고, 맑은 햇살의 달큼한 향기, 땅바닥에 토닥토닥 떨어지는 빗소리, 산득한 가을밤 잠자리에서 듣는 풀벌레 소리, 이런 것들을 느껴 보고 싶었다. 마침 그럴 기회가 생겼다.

널따란 저수지에는 먼 산들이 내려와 산 그림자 물속에 잠겼다. 흰 뭉게구름은 강물 위에 수묵화 한 폭을 그려 놓았다.

강둑에 핀 금계국 꽃잎들이 바람에 사운 댄다. 이 아름다운 꽃들과 자연의 향기를 내 집에 데려다 놓을 수 없을까. 욕심 같아서는 방에도 거실에도 주방에도 온 집안을 풀꽃으로 채워서 꽃 속에 묻혀 살면 천국 같겠다. 혼자 상상을 하며 걷는다.

 벼르고 벼르다가 검정 비닐과 목장갑, 가위를 챙겨 배낭을 메고 집을 나섰다. 저녁 이내가 깔리기 시작한 강 하류 흰여울 근처로 갔다. 촤르륵 촤르륵 흐르는 여울물 소리에 설핏 무섬증이 일었다. 사람들의 눈길이 닿지 않는 후미진 곳이다. 마음이 조마조마했다. 지나가던 사람이 '꽃을 왜 꺾어요. 그냥 두고 보면 될 걸'라고 말하면 뭐라고 대답하지. 흰 싸리꽃, 노란 금계국, 보라색 수레국화 등을 얼른 꺾어서 검정 비닐에 담았다. 금계국이 검정 비닐 속에 갇히기 싫다는 듯 노란 얼굴을 빼죽이 내민다. 감추어지지 않는 꽃을 검정 비닐 안으로 밀어 넣었다.

 꺾어 온 꽃들을 간추려서 옹기 항아리에 풍성하게 꽂아 티브이 옆에 올려놓았다. 실내 분위기를 살리는 데는 역시 꽃이 최고야. 추레하던 시골집 집안이 금세 환하게 생기가 돌았다. 한 이틀 동안은 흐뭇한 마음에 취해 꽃을 꺾은 미안함이나 자책 같은 것은 잊어버렸다.

사흘째 되던 날 아침, 꽃 항아리 주위에 좁쌀보다 작은 것들이 바닥에 까맣게 떨어져 있었다. 조심스레 살펴보니 꽃씨였다. 물휴지로 바닥을 훔쳐 닦았다. 저녁때 더 많은 씨앗과 꽃가루와 시든 꽃잎이 지저분하게 바닥을 더럽혔다. 닦아 내어도 금방 또 그랬다. 꽃들은 사나흘 만에 줄기가 마르고 여린 꽃잎은 새들새들 시들어 생기를 잃었다.

비로소 꽃의 입장을 생각해 보았다. 비바람을 막아 주고 뜨겁게 내리쬐는 햇볕도 막아 주고 물을 넉넉히 주면 꽃들에게도 좋을 것이라는 나의 짧은 생각이 무모한 행동을 하게 했다. 들꽃에도 엄연한 자연의 질서가 존재함을 깨닫지 못했다. 작은 풀꽃 하나에도 나름의 우주가 있기에 때맞추어 꽃을 피우고 씨를 맺고 할 것이다.

그 자리에 그대로 두었더라면, 햇볕과 바람에 몸을 맡기고 때로는 비에 젖기도 하면서, 달빛에 사분사분 별 내리는 밤 애기 꽃봉오리들의 수런거림도 정겨웠겠다. 천둥소리에 움츠렸다가도 아무 일 아니란 듯 다음날 더 해사한 얼굴로 벌 나비를 맞고, 바람에 씨앗을 날려 보내겠지. 해, 별, 달, 비, 바람, 벌, 나비 이 모든 것이 힘을 모아 꽃을 피웠구나. 생각해 보니 나는 햇살 한줌, 바람 한줄기만큼도 보탬 한 것이 없었다.

아무것도 한 것 없이 꽃만 탐 한 인간의 이기적인 심보만 보여 준 꼴이 되고 말았다. 들꽃은 나에게 그 어떤 것도 요구하지 않았다. 혼신의 힘을 다하여 꽃 피우고 활짝 웃는 얼굴로 예쁜 미소를 보여 줬을 뿐인데. 공연한 욕심으로 자연의 질서에 훼방꾼인 자신이 부끄러웠다. 모든 사물은 제 있을 자리를 알고 겸허히 그 자리를 지킬 때가 가장 아름답다.

광목천에 피어나는 야생화

 사회 교육 센터 천아트반에 수강 신청했다. 패브릭 물감을 사용하여 흰 광목천에 붓으로 여러 가지 꽃 그림 그리기이다. 물감의 빨강, 노랑, 파랑 이런 고운 색깔들을 보면 그림으로 채색하고 싶은 욕망이 생긴다. 세상의 모든 사물이 검정, 하양, 회색으로 된 무채색이라면 얼마 따분하고 막막할 것인가.
 중고등학교 때 미술부에서 수채화 그림을 그렸다. 정물화나 풍경화를 주로 그렸다. 하얀 도화지에 연필로 스케치를 하고 물감으로 색을 입힌다. 하얀 백지였던 도화지는 둥글고 갸름한 꽃병에 빨강 노랑 꽃잎이 꽃망울을 피우면 생동감이 살아났다. 풍경화는 시골 마을 초가집도 그렸고 기와집도 그렸다. 산과 논밭 우거진 숲과 나무도 그렸다. 붓 터치에 따라 음영의 명암은 얕고 깊었다. 숲과 나무는 연두색과 짙은 초록으로 물감의 농도에 따라 싱싱한 입체감이 살아난다. 수채화 물감이 번지면서 채색되어 가는 도화지 위 물체들을 보면 괜히 뿌듯했다.

천아트는 내 속에 잠자던 감성을 깨워 물감 놀이를 다시 해 보라고 부추겼다. 재료가 매끄러운 비단이 아닌 무명실로 짠 흰 광목천인 것이 마음에 들었다. 동해 바닷물에 흰 광목천을 담갔다 꾹 짜면 감청색 물이 주르륵 흐를 것 같다. 돛단배 뱃전에 남실거리는 비취색 물빛에 반해 버린 인도양의 넓은 바다. 해 질 녘 구름 조각들 사이로 황금빛 노을이 부챗살로 퍼지는 풍경은 경이롭다. 이름난 화가는 자연의 오묘함을 수채화 물감으로 그려 낼 수 있으려나. 자연의 채색은 신비롭고 황홀경에 빠져들게 한다.

엄지와 검지 사이에 붓을 쥐고 손가락으로 가만가만 굴려 본다. 얼마만인가 이 느낌. 가슴에 작은 이슬방울이 톡톡 터지는 것 같은 설렘이 인다. 탁자 위에 색색 깔의 물감을 가지런히 올려놓았다. 강사님의 설명과 붓 터치를 되새기며 꽃잎 낱장 그리기부터 시작한다. 하지만 마음과 손이 따로 논다. 삐뚤빼뚤 꽃잎의 모양이 제각각이다. 낱장의 꽃잎을 잘 그려야 꽃송이도 예쁘게 그릴 수 있다. 첫 수업 물감 놀이는 보라색 또는 연분홍 소국 꽃잎 그리기에 몰두한 사이 두 시간이 후딱 지나갔다.

여러 날째 꽃잎 그리기 반복하다 보니 비슷한 꽃모양을 갖추게 되었다. 기초만 제대로 익히면 꽃 모양은 여러 가지 응용할 수 있다. 장미꽃이나 능소화, 모란처럼 크고 화려한 꽃도 그리지만, 주로 들국화, 나팔꽃, 달개비, 으아리, 여뀌, 엉겅퀴, 찔레꽃, 구절초 등 소소한 야생화를 그렸다. 알로록달로록 조그마한 꽃을 보면 정겹다. 붉은 장미나 모란꽃의 화려함도 좋아하지만 마음이 이끌리는 것은 소박한 야생화들이다. 그림 그리기는 시간 보내기에 이만한 것이 또 있을까 싶다. 유튜브 영상이나 음악을 틀어 놓고, 헝겊 쪼가리나 헝겊 가방, 스카프, 식탁보, 미니 커텐, 흰 티셔츠, 찻잔받침, 원피스 치마, 파우치 지갑 등 야생화 꽃 몇 송이가 화사하게 살아난다.

백세 시대 길어진 인생은 앞으로 어떻게 살아가야 할지는 각자의 숙제다. 무료하고 지루한 나날이 될지 천금 같은 하루하루가 아쉬운 나날이 될지는 알 수 없다. 나이 들어 바깥 활동이 어려워질 때를 대비하여 혼자서 소일할 수 있는 취미 하나쯤 준비해 두려는 심산이다. 흰 광목천 위에 알록달록 조그맣고 앙증스런 들꽃을 그리는 일은 나와의 소통 시간이고 자신과 벗하는 즐거움이다.

천상의 화원

친구는 내게 보여 줄 것이 있다고 했다. 꽃을 좋아하는 내 취향을 알고 추천한 곳이다. 생전 처음 가 보는 곳 해운대 수목원이다. 꽃을 좋아하면 늙었다는 증거라는데, 친구를 따라 나섰다. 별 볼 것도 없을 것 같은 가파른 민둥산을 향해 숨이 턱에 차도록 헉헉거리며 올라갔다. 위에 뭐가 있어? 하고 물으니 친구는 잠자코 따라와 보란다. 얼굴엔 땀이 삐질삐질 흐르고 다리도 휘청거렸다.

적당히 그늘에 앉아서 가지고 온 간식이나 먹고 집에 가자고 말을 할까 속으로 망설였다. 성큼성큼 앞서간 친구는 이제 다 왔다고 빨리 올라오라고 손짓한다. 아무것도 없을 것 같던 등성이 위에 가까스로 올라섰다. 눈앞에 펼쳐진 광경은 별천지였다. 우와! 감탄사가 절로 터져 나왔다. 빨강, 노랑, 분홍, 흰색, 보라색, 형형색색의 잘 가꾸어 놓은 장미 꽃밭이 있는 천상의 화원이다.

아치형 모양 여러 곳에 붉은 장미, 흰 장미, 분홍 장미꽃 넝쿨이 아치형 시설 위에서 흘러내린 장미 덩굴이 보기 좋게 넌출거렸다. 세계 여러 나라 장미가 각국 대표로 출전한 장미의 대결이다. 앵두같이 작고 빨간 꽃망울을 조롱조롱 매단 모습이 앙증맞다. 푸른색, 보라색, 오렌지색 평소에 보지 못했던 오묘한 장미꽃 색깔이다. 화려한 색을 지닌 장미, 모란, 벚꽃이나 들에 핀 존재감 없는 풀꽃까지 꽃이란 꽃은 다 좋아한다. 색깔은 개성이다.

사람도 성격이나 인품에 따라 느껴지는 색깔이 있고 자기가 좋아하는 색이 있다. 여자들이 옷 살 때 자기가 좋아하는 색을 고르는 우를 범하기 쉽다. 언젠가 마섬유의 고상한 쥐색 원피스 하나를 장만하였다. 옷집에서는 우아해 보이던 옷태가 우리 집 거울에 비춰진 모습은 사람까지 우중충하게 보였다. 고아한 품격의 중년 여성에게 어울릴 듯하다. 나이가 들면 밝은 색을 입어야 생기가 있어 보인다고 하더니 나이 탓인가. 나이 들어서는 크게 감동할 일이 없다. 매사에 무덤덤한 내가 고른 옷 색깔이 늘 같아서 픽 웃음이 났다.

넓은 화원 둘레 가장자리는 초록의 싱그러움이 가득하다. 보라색 라벤더 꽃길이 백 미터도 넘게 피어 남실거린다. 달달

한 맑은 공기 쾌청한 하늘에 몽글몽글한 양떼구름이 흐른다. 연둣빛 잎새 위로 맑은 햇살이 통통 부서진다. 화려한 장미꽃들의 전쟁이다. 꽃들의 향연에 향기로 취하고 아름다운 색감에 빠져든다.

평소에 내 시간을 함부로 할애하는 것에 인색한 편이다. 인심 좋게 너그러워질 때가 있다. 오늘처럼 예쁜 꽃과 푸른 나무들에 마음을 내어 줄 때다. 자연은 인간에게 무엇을 요구하지 않는다. 다만 지켜 주기만하면 된다. 무한히 많은 것을 인간들에게 공짜로 베풀고 있는데도 알아차리지 못한다. 원래 있는 것이라 당연시하기 때문이다. 자본주의에 학습된 가치를 지불하지 않으니 귀한 줄 모르고 산다. 햇볕, 바람, 공기, 비, 꽃, 나무, 바다, 산, 강 자연의 것은 모두 공짜다. 이것만 잘 누려도 정서적인 감성 부자로 살 수 있다.

산처럼 쌓아진 쓰레기 더미 위 천상의 화원에 앉아 커피를 마신다. 이곳은 쓰레기 재생이 잘된 곳이다. 현대 사회는 많은 물질적 풍요를 가져다준 대신 지구 오염이 심각하다. 수백 수 천 년이 흘러도 썩지 않는다는 플라스틱이나 비닐, 헌 옷, 각종 산업 폐기물로 지구는 몸살을 앓는다. 부자 나라는 가난한 나라로 쓰레기를 수출한다.

우리나라도 예외가 아니다. 필리핀에 플라스틱 쓰레기 불법 수출한 것이 되돌아왔다. 몇 년 전 국내 쓰레기 대란에서 심각성을 어느 정도 감지하고 있다. 쓰레기 처리에 획기적인 방법이 나오지 않는 한. 한계점에 이른 지구가 인간에게 가할 반란의 역습이 두렵다. 전 인류가 덜 먹고 덜 입으면 지구는 좀 깨끗해지려나. 천상의 화원에 포근한 햇살이 내리고 오월의 상큼한 바람이 분다.

벚꽃 그늘 아래

 올해는 예년에 비해 벚꽃 피는 시기가 이른 편이다. 벚꽃 구경 간다고 매월 모이는 모임 날짜를 당겼다. 낙동강 삼십 리 벚꽃 길 맥도 생태공원으로 갔다. 평일이라 사람들이 붐비지 않아 좋았다. 시 낭송 반에서 만난 인연으로 여덟 명이 매월 한 번씩 만나 밥도 먹고 시도 읊는다.

 복지관 시니어 시 낭송반이 없어진 지 오래다. 대부분 70대 중반에서 80대가 가깝다. 제일 젊다는 이유로 나는 구 년째 장기 집권 반장을 맡고 있다. 반장 자리 내놓고 탈퇴하고 싶을 때도 솔직히 없지 않았다. 반장 애쓴다고 늘 고마워하는 형님들 봐서라도 내가 조금 참으면 되지. 이렇게 좋은 형님들을 어디서 다시 만날 수 있을까 싶다.

 불심 깊은 O형님은 생활 속에서 자비를 실천하신다. 엄동설한은 주머니에 손을 넣고 걸어도 손이 시리다. 폐지 줍는 노인을 보면 지갑에서 퍼런 배춧잎 한 장 손에 꼭 쥐여 주면서 따끈한 국밥 한 그릇 사드시라고 한다. 가만히 있어도 얼굴에 땀이 송골송골 맺히는 한여름. 도로에서 비지땀을 흘리는 인부들을 만나면 시원한 막걸리 한잔하시라고 서슴없이 지갑을 연다. 유니세프를 비롯해 여러 곳에 자동 이체한다.

제일 맏형님은 숲 해설가로 활동하셨다. 꽃과 식물에 대한 지식이 해박하고 소녀 같은 감성을 지녔다. 서예로 대통령상까지 받은 형님은 동네 리어카 양말 파는 아주머니한테 일부러 양말을 팔아 주고, 구입한 양말은 모임 때 가져와 우리들에게 나눔 한다. 이렇게 좋은 형님들을 만난 것은 행운이라 생각한다. 인생 선배들의 삶을 보면서 나는 어떻게 나이 들어가야 할지 가늠해 본다.

벚꽃 그늘 아래 돗자리를 깔고 준비해 온 김밥, 과일, 족발, 맥주를 펼쳐 놓고 둘러앉았다. 회원 한 사람은 봄에 캔 쑥을 가지고 아침 일찍 떡 방앗간 다녀왔다. 아직 온기가 남아 있는 쑥떡을 사람 수만큼 따로 비닐봉지에 담아 왔다. 아직 남아 있는 쑥떡의 따뜻한 온기가 여러 사람의 가슴을 데운다. 만개한 벚꽃이 화르르 꽃비가 되어 내린다. 머리 위에 살포시 앉은 벚꽃 화관을 쓰고 밥을 먹었다. 건배하는 맥주잔 안에도 연분홍 꽃잎이 동동 뜬다.

평소 같으면 돌아가면서 시 한 수씩 읊조릴 만하건만 모두 벚꽃에 취해 버렸다. 간간이 부는 바람에 꽃잎은 수천수만 마리 나비가 되어 하늘로 날아오른다. 꽃들은 언제나 겸손하다. 스스로 잘난체하지 않아도 보는 이들이 예쁘다 아름답다 찬사를 보낸다. 자연 앞에서 인간도 겸손해질 필요가 있다.

어떤 고급 호텔도 천정을 생화로 꾸미는 방은 없다. 벚꽃 그늘 아래 팔베개하고 누웠다. 연분홍 벚꽃의 향기와 생화로 뒤덮인 천정은 야외 침실이다. 사방 트인 곳으로 자연의 바람이 감미롭게 얼굴을 스친다. 새들은 포로롱 포로롱 벚꽃에 앉아 사랑을 속삭인다. 살랑대는 바람에 벚꽃 무리가 그네를 탄다.

벚꽃은 자욱한 안개처럼 왔다가 며칠 사이 바람처럼 사라질 것이다. 삶은 늘 고통스럽기만 한 것도, 늘 즐겁거나 행복하기만 하지 않아서 좋다. 벚꽃이 일 년 내내 하얗게 피어 있다면, 몽롱한 안개 속 같이 환장할 노릇이다. 아쉽다 싶을 즈음 휘리릭 꽃잎 지고 나면 뾰족뾰족 순한 연둣빛 새순이 애틋하다.

스르르 단잠에 빠졌다가 눈을 떴다. 두 사람은 주위에서 쑥을 캐고, 벚꽃 길 걷고 돌아온 사람들은 남은 간식을 꺼내 먹는다. 나는 일어나 벚꽃 길 걸으러 간다. 연인들은 벚꽃을 배경으로 예쁜 추억이 될 인증 샷 중이다. 아기 걸음마 시키는 젊은 부부, 주인을 따라 나온 강아지까지 벚꽃 길을 걷는 모습들은 꽃잎같이 들떠 있는 표정들이다.

목련나무

　유월의 한낮. 칠불암 마당가에 늠름한 나무 한 그루가 눈길을 끌었다. 품이 넉넉하여 그늘이 짙다. 손을 뻗어 크고 도톰한 잎사귀를 되작이며 만져 보았다. 부들부들한 촉감에 기분까지 후듯해졌다. 초여름 한낮의 햇볕 아래 저리도 듬직하고 의젓할까. 준수하게 잘 생긴 푸른 청년의 모습을 보는 것 같다.

　청청한 잎사귀를 드리운 이 나무의 이름은 뭘까 궁금했다. 나무 그늘에 앉아 부서져 내리는 햇살을 바라보는 저 남자는 알고 있을까. '혹시 이 나무 이름을 아세요?' 하고 물었다. 남자는 '아, 이 나무요.' 하더니 '목련'이란 대답이 돌아왔다. 목련이라면 흰 등불로 봄의 서막을 알리는 목련꽃. 목련이란 것을 남자는 어떻게 알았을까. 하얀 목련꽃 필 때도 왔었던가.

　목련나무 이파리 사이사이 촛불 모양 봉오리들이 빼곡하

다. 어머니를 위한 목련존자의 염원인가. 촛불 밝힌 봉오리마다 곱게 모은 두 손. 밤낮으로 부처님전에 기원 중이다.

저 작은 봉오리들은 한여름 뜨거운 폭염과, 억새잎 서걱대는 외로움을 삭이고. 동짓달 세한에도 헐벗은 맨몸으로 오롯이 지킨 정절 하나. 고귀한 자태로 새봄에 환한 희망의 등불로 찾아온다. 해마다 첫봄 우아한 자태의 목련꽃은 보았으되, 꽃이 지고 난 뒤의 모습은 우리의 시야에서 사라지듯 기억에 남아 있지 않다. 사람들은 아름다운 목련꽃에만 뜨거운 관심과 찬사를 보낸다.

목련이 지고 나면 그뿐이었다. 목련나무에 대한 관심이나 궁금증을 가져 본 적이 없었다. 초여름부터 무성한 잎을 키우고, 촛불 같은 조그마한 꽃봉오리에 법문 씨앗 하나 담고, 외로움과 인고의 세월을 보내는 목련나무는 새 생명을 자궁에 품은 산모와 같다. 산모는 입덧으로 힘들고 몸이 무거워도 무한한 사랑으로 감싸 안는다. 이 무더운 여름에 잉태한 꽃봉오리도 내년 이른 봄날 하얀 목련으로 꽃피울 것이다.

이사 온 집, 동네 한쪽 모퉁이에 올봄 목련꽃이 피었다. 잠시 흰 목련에 마음이 끌렸다. 꽃이 지고 기억에서 멀어졌다. 어느 날 문득 옥상에서 무심코 내려다본 곳에는, 초록 잎이 무성한 나무가 서 있었다. 이른 봄 하얀 목련이 피었던 자리다. 꽃이 지고 아무도 알아봐 주는 이 없었다. 혼자서 저렇게 푸른 가지를 키워 냈다고 생각하니 대견스러웠다.

진짜 목련나무가 맞는지 확인하러 가 보았다. 목련이 피었다 지고 석 달 만이다. 목련나무 아래 서서 요리조리 잎사귀를 만져 보았다. 새끼손가락 크기의 잣나무 솔방울 닮은 것이 맺혀 있다. 꽃이 지고 맺었으니 열매인가. 칠불암에서 보았던 촛불 같은 봉오리와는 모양새가 달랐다. 다시 가 보기를 여러 번. 목련 나무를 찬찬히 살펴보았다. 잣 솔방울 같이 생긴 길쑴한 열매는 바닥에 떨어져 거뭇하게 말랐다. 촛불 모양의 봉오리가 막 맺히기 시작했다. 목련나무의 나이테는 이렇게 한 해를 시작한다.

처연히 서 있는 목련나무를 보면서 오랫동안 잊고 있었던 아버지의 모습이 떠올랐다. 우리 가족에게 아버지는, 여름날 무성한 목련나무였다가. 무참히 잎 떨어진 앙상한 겨울 나목이었다가. 바닥에 떨어져 거뭇하게 말라 버린 열매였다. 등골이 휘도록 힘들고, 외로웠을 아버지의 인생에 대해 깊이 생각해보지 못했다. 늘 내 앞가림에만 분주했다.

한 그루 목련나무는 여름날 뜨거운 태양의 씨앗을 꽃봉오리에 알알이 다져 넣고, 빈 들판의 스산한 바람도 가슴으로 품을 줄 안다. 여름날의 무성했던 환희도 가을에는 미련 없이 내려놓는다. 동짓달 시린 밤 별 걷듯 쏟아지는 별빛, 사분사분 내려앉은 고운 달무리 목련나무 무늿결에 아로새긴다.

찔레꽃

 오월 초하에 피는 하얀 꽃. 오월에 피는 꽃 중에는 유난히 흰 꽃이 많다. 초록의 나뭇잎 사이로 진한 벌꿀 향을 내뿜는 아까시꽃, 배고픈 시절 하얀 쌀밥을 연상시키는 이팝꽃, 애잔함이 서려 있는 찔레꽃이다. 찔레꽃은 산기슭과 들, 밭 언저리 하얗게 무더기로 피어난다. 봄이 기울 때쯤 들판과 골짜기를 눈으로 더듬는 버릇이 생겼다. 하얀 찔레꽃을 찾는 것이다. 경부선 기차를 타고 부산과 밀양 사이를 오갈 때, 선로 옆 찔레꽃 무리를 보기 위해 창밖으로 눈길이 머문다.
 언제부터인가 청초하고 정결해 보이는 흰 꽃이 좋았다. 귀촌살이 할 때다. 시내로 나가는 길목 밭두렁이나 봇도랑에 하얗게 핀 찔레꽃을 만난다. 사람의 발길이 뜸한 길 한쪽으로 차를 세우고, 찔레꽃 덤불 곁으로 다가가 하얀 꽃잎에 코를 들이대고 킁킁거려 본다. 상큼한 꽃향기가 코끝에 스민다. 흰

나비 한 마리 찔레꽃 위를 나풀나풀 거리다 먼 하늘로 사라진다. 찔레 아가씨의 혼령인가.

하얀 찔레꽃은 젊은 미망인의 소복 입은 모습이 연상된다. 서러운 눈물 같은 꽃. 창백한 꽃잎에 마음이 아릿해진다. 부드러운 찔레 순 하나를 골라 꺾었다. 손톱으로 껍질을 벗겨내고 속살을 가만히 입에 넣고 잘근잘근 씹어 본다. 싱그러운 향이 입 안 가득 퍼지면서 끝 맛은 살짝 떫은맛이 비친다. 꽃잎을 따서 손끝으로 가만가만 비벼서 코끝에 대어 봤다. 단아한 향이 마음에 고요히 스며든다. 사람에게도 향기가 느껴지는 사람이 있다. 몸에 밴 배려, 진정성이 담긴 말씨, 오만하지 않은 겸손한 사람이 가지는 향기이다. 마음으로 닮고 싶은 찔레꽃 향기 같은 사람이다.

찔레꽃 향기는 너무 슬프다는 소리꾼 장사익의 노래 '찔레꽃.'이다. 스마트폰을 열고 '찔레꽃' 노래를 듣는다. '열린 음악회' 영상이다. 반백의 머리를 단정히 빗어 넘긴 70대 중반의 남자가 무대로 나온다. 흰 두루마기 한복 차림의 장사익 소리꾼이다. 독특한 창법으로 장중한 관현악단에 맞추어 혼신을 다해 심연의 소리를 토해 낸다.

'하얀 꽃 찔레꽃 순박한 꽃 찔레꽃, 별처럼 슬픈 찔레꽃. 달처럼 서러운 찔레꽃. 찔레꽃 향기는 너무 슬퍼요~' (……)

소리꾼의 몸짓에 흰 두루마기 소맷자락이 너울거린다. 어깨선이 가만가만 부드럽게 리듬을 탄다. 관현악단의 화음이 장중하게 울려 퍼진다. 관중들의 눈시울이 붉어진다. 괜스레 서러움이 목젖을 타고 내린다. 슬픔이 아름답게 느껴지는 것은 무슨 조화인지 모르겠다.

 흙 마당이 있는 주택이라면 높은 담 대신 울타리에 넝쿨장미와 흰 찔레꽃을 심겠다. 찔레꽃 너머로 이웃과 다정한 인사를 나누고. 장미꽃, 찔레꽃이 피면 그 옆에 탁자와 앉을 자리를 마련하겠다. 나의 친구를 불러 꽃향기와 더불어 차를 마시고 담소를 나누고 싶다. 때때로 그기에 앉아 책을 읽고. 일기장에는 서툰 솜씨로 찔레꽃 그림을 그릴 것이다. 향은 어떠한지 꽃이 얼마나 예쁜지, 찔레꽃이 얼마나 청초하게 피었는지 적을 것이다.

네 탓이야

 분명히 있어야 할 서류 한 장이 보이지 않는다. 책상 서랍과 책꽂이를 몇 번씩이나 들추어 봐도 없다. 머릿속은 백지장처럼 하얘져서 도무지 아무런 기억도 나지 않는다. 찾다가 지쳐 의자에 멍하니 앉았다. 이런 일이 한두 번도 아니고, 답답한 마음에 머리를 쥐어뜯고 싶은 심정이다.

 딸아이가 결혼하고 처음으로 맞은 내 생일날이었다. 제법 두툼한 봉투를 내밀면서 '앞으로 더 잘 할게요. 우리 엄마 아프지 말고 오래 살아야 해' 했다. 나는 빈말이라도 '이런 것 안 해도 괜찮아 너희만 행복하게 잘 살아야 해~.' 이런 상투적인 말 대신 활짝 웃으며 '고마워, 잘 쓸게' 하면서 닙죽 받았다. 자식이 챙겨 주는 돈을 처음부터 안 받기 시작하면, '우리 부모는 안 해도 괜찮다.'고 의례히 다음부터는 아예 물어도 안 봐서 서운하더라는 주위 사람들의 말을 들은 뒤라 주는 것은 받고 봐야겠다는 생각이었다.

분홍색 예쁜 봉투 안에는 만 원짜리 신권 지폐가 가지런히 들어 있었다. 받을 때 두툼한 봉투의 손맛이라도 느껴보라는 딸아이의 애교 섞인 배려였으리라. 요즘은 만 원권보다 오만 원권이 더 흔하다. 마트 같은 데서야 카드 결제가 일반적이지만, 그때는 거주지가 골목 시장 근처라 야채 종류를 살 때는 대부분 만 원이 넘지 않을 경우가 많아 현금 쓰기에는 딱 좋겠다 싶었다. 봉투가 예뻐서 재활용할 생각에, 돈만 빼서 흰색 편지 봉투에 넣어 따로 보관했다. 일주일쯤 지난 뒤 친구와 만나기로 약속하고 책상 서랍을 열었다. 당연히 있을 줄 알았던 봉투가 보이지 않았다. 뭐야, 돈 봉투가 왜 없어졌지? 있을 만한 곳을 다 뒤졌으나 돈 봉투는 나타나지 않았다.

주머니 속의 알밤 꺼내 먹는 재미가 쏠쏠하듯, 야금야금 만 원권 한두 장씩 꺼내 맛난 주전부리도 사 먹고, 친구랑 분위기 있는 카페에서 우아하게 차도 마시려고 마음먹었는데, 내 돈 봉투는 대체 어디로 사라진 것일까. 언짢은 마음과 함께 부아가 치밀어 올랐다. 가족들을 의심하기 시작했다. 심증도 물증도 없는데 나 혼자 속을 끓였다. 혹시 돈 봉투 못 봤느냐고 물어보려 해도 나만 바보 같았다. 기억 속에서 사라져 버린 못 믿을 내 머리에도 화가 났다. 급기야는 옥탑방에 사는 총각까지 의심의 화살을 날렸다.

내 아는 사람의 얘기다. 무슨 일로 일곱 사람이 돈 만 원씩을 갹출하여 어디에 전해 줘야 할 일이 있었단다. 비가 와서 우산을 쓰고 버스를 기다렸다. 마침 차가 와서 버스에 오르는데, 바로 뒤에 섰던 중년의 신사가 하얀 봉투를 건네주었다. 엉겁결에 받아 들고 자리에 와서 봉투를 열어 보았다. 안에는 아무것도 들어 있지 않았다. 급히 호주머니에 손을 넣어 보니 돈 봉투가 만져지지 않았다. 차를 타기 전까지 분명히 주머니에 들어 있었던 것이 왜 없어졌으며, 신사 양반이 건네준 빈 봉투는 뭐지?

가슴은 울렁거렸고 어떻게 해야 할지 마음의 갈피를 잡을 수가 없었다. 시치미 뚝 떼고 저 앞쪽 의사에 점잖게 앉아 있는 남자. 물증은 있으나 심증이 애매한 그 중년의 신사. 물어보려 해도 뭐라고 말을 해야 할지 마음을 종잡을 수가 없었다. 버스 기사한테 파출소나 경찰서로 직행하자고 말을 해야겠는데, 심장이 떨려서 결국 아무 말도 못 한 채 목적지 근처 정거장에 닿아 벌렁거리는 가슴을 안고 차에서 내리니 마침 비는 그쳤다.

집에 돌아와서는 불가사의한 그 일에 해답을 못 찾은 채 잊고 살았다. 다시 어느 비 오는 날에 외출할 일이 생겨 그때 세워 뒀던 우산의 손잡이를 잡고 활짝 폈더니 우산 속에서 만 원짜리 지폐가 우수수 떨어지더란다. 지갑을 꺼내면서 돈은 우산 속으로 미끄러져 들어갔고, 빈 봉투는 버스 계단에 떨어졌던 것이다.

 나 또한 여러 사람을 의심하다가 잊고 있었다. 한참 시간이 흐른 뒤, 장롱 아래쪽 서랍장에서 무얼 꺼내다가 밑바닥에 얌전히 놓여 있는 흰 봉투를 발견하였다. 미궁에 빠진 줄 알았는데 알고 보니 범인은 바로 나였다. 순간, 옥탑방 총각, 택배기사 그리고 우리 집을 드나든 사람들의 얼굴이 떠올랐다. 내 얼굴이 화끈거렸다. 나는 왜 나 자신을 의심하지 않았을까. 손가락을 나 쪽으로 돌리면 간단한 일인데, 네 탓이라고 애꿎은 남을 의심했던 것이다. 내 탓이야. 내 탓이야. 자꾸만 되뇌며 나를 질책했다.

소리 없는 통곡
- 박영숙 수필집

발　행 | 2023년 10월 27일 초판 1쇄 발행
지은이 | 박영숙
펴낸이 | 신기용
펴낸곳 | 도서출판 이바구
　　　　부산광역시 부산진구 동성로143(전포동 신우빌딩) 2022호
　　　　T. 010-6844-7957
등　록 | 제329-2020-000006호

ⓒ 박영숙 2023　ISBN 979-11-91570-51-9 (03810)
정 가 / 15,000원

※ 이 책의 무단전재 및 복제행위는 저작권법에 의거, 처벌의 대상이 됩니다.

부산광역시 BUSAN METROPOLITAN CITY　부산문화재단 BUSAN CULTURAL FOUNDATION

본 사업은 2023년 부산광역시, 부산문화재단 〈부산문화예술지원사업〉으로 지원을 받았습니다.